매일중국어습관

나의 하루 1줄
중국어 쓰기 수첩

☑ 고급문장 100

" 외국어는
　　매일의 습관입니다."

매일 중국어 습관의 기적!

나의 하루 1줄
중국어 쓰기 수첩

고급문장 100

매일 한 줄 쓰기의 힘

많은 사람들이
중국어를 공부하고 싶어도
어떻게 공부해야 하는지 몰라 시작하길 주저하거나
기초 발음만 2~3달 공부하다가
지쳐서 포기하는 경우가 많습니다.

계속 이와 같이 작심삼일만 반복하고 싶으신가요?
아니면 하루 한 문장씩
확실히 익히고, 이를 직접 반복해서 써 보며
중국어를 정말 제대로 배워보고 싶으신가요?

한자, '많은 양을 무턱대고' 쓰지 말고 '하나씩 차근차근' 써 보세요.

중국어는 특히 '한자 쓰기'가 어려운 언어입니다.
따라서 마치 그림을 그리듯 한자를 어렵게 쓰는 분들이 많지요.
기초문장 100에서 한자 획순에 대한 감을 익히고
중급문장 100에서 중국어의 기본적인 문형을 익혔다면
고급문장 100에서는 더욱 다양한 문형과 표현을 배워 보세요.
한 문장씩 차근차근 쓰다 보면 3개월 뒤엔 100여 개의 문장을 익힐 수 있게 됩니다.

발음과 성조, '한 번' 듣기로 끝내지 말고 '매일 꾸준히' 듣고 따라 해 보세요.

중국어는 '발음과 성조'가 특히 까다로운 언어이기도 합니다.
따라서 한 번, 혹은 몇 번 듣고 마스터하는 것이 사실상 불가능하죠.
몇 번 듣고 나 다 했어~가 아닌
꾸준히 듣고 따라 하는 '매일의 반복 연습'을 통해서만
중국어 실력이 늘게 됩니다.

문법, '머리로만 달달' 외우지 말고 '단어의 어순'을 통해 익혀 보세요.

중국어 문법의 포인트는 '어순'입니다.
따라서 머리로만 문법 지식을 달달 외우지 말고
하루 한 문장씩 써 보며 그 안에 녹아 있는 '단어의 어순'을 통해
자연스럽게 중국어 문법을 익혀 보세요.

쓰기 수첩 활용법

DAY 013 ___월 ___일

저는 어젯밤에 이 소설을 다 봤어요.

我昨晚看完了这本小说。

Wǒ zuówǎn kànwán le zhè běn xiǎoshuō.

설명 「동사+完」=「다 ~하다」

看 보다 + 完 (완성하다, 끝마치다) → 看 完 다 보다

我昨晚看完了这本小说。저는 어젯밤에 이 소설을 다 봤어요.

完은 '완성하다, 끝마치다'라는 뜻이기 때문에, 동사 뒤에 完을 사용하면 '어떤 행동을 다 하다'라는 뜻이 됩니다. 예: 卖完(다 팔리다), 用完(다 쓰다)

읽으면서 써 보기 (쓰고 √표시) 🎧 mp3 037

☐ 我昨晚看完了这本小说。
☐
☐
☐

응용해서 써 보기 🎧 mp3 038

① 재고를 이미 거의 다 팔았어요. (재고 = 库存 kùcún, 거의 = 几乎 jīhū)

→

② 건전지를 이미 다 썼어요. (건전지 = 电池 diànchí)

→

정답
① 库存已几乎卖完了。Kùcún yǐ jīhū màiwán le.
② 电池已经用完了。Diànchí yǐjīng yòngwán le.

1 하루 1문장씩 제대로 머릿속에 **각인시키기**

『하루 한줄 중국어 고급문장 100』에서는 고급 수준의 문장을 하루 1개씩 차근차근, 총 100개 문장을 익힐 수 있도록 구성하였습니다. 각 문장의 구조에 대한 친절한 설명을 보며 보다 쉽게 중국어를 배워보세요.

2 배운 문장 1개를 짬짬이 **반복해서 써 보기**

출퇴근길, 점심 식사 후, 쉬는 시간 등 하루 중 짬이 날 때마다 그날 배운 문장을 수첩에 반복해서 써 보도록 합니다. 틈틈이 반복해서 쓰다 보면 어느새 한 문장이 자연스럽게 머릿속에 각인이 되어 있을 것입니다.

3 응용 문장까지 써보며 문장 구조 1개 **완벽 마스터**

앞서 배운 문장 구조에 다른 어휘들을 집어넣어 '응용 문장 2개'를 써 보며 그날 배운 문장 구조 1개를 완벽한 내 것으로 만듭니다.

단어 주석

A

安排	ānpái	동	안배하다
按照	ànzhào	개	~에 따라

B

拔	bá	동	뽑다, 빼다
把	bǎ	양	자루가 있는 기구를 세는 단위
		개	목적어를 앞으로 전치시킬 때 사용함
搬	bān	동	옮기다, 이사하다
办	bàn	동	하다, 처리하다
办法	bànfǎ	명	방법, 수단
办事	bànshì	동	일을 처리하다
半途而废	bàntú'érfèi		중도에서 그만두다

别	bié	형	별개의, 다른
别的	biéde	대	다른 것
别人	biérén	대	다른 사람
冰箱	bīngxiāng	명	냉장고
病	bìng	명	병 동 앓다
不错	búcuò	형	맞다, 틀림없다
不但	búdàn	접	~뿐만 아니라
不管	bùguǎn	접	~에 관계없이
布料	bùliào	명	천, 옷감
不如	bùrú	동	~만 못하다

C

猜	cāi	동	추측하다

Day 007	Day 008	Day 009	Day 010	Day 011
Day 012	Ch 1 Test / 20	Day 013	Day 014	Day 015
Day 016	Day 017	Day 018	Day 019	Day 020

4 단어 주석을 활용한 꼼꼼한 어휘 학습

좀 더 자세한 어휘의 설명이 필요한 학습자들을 위해 단어 주석을 수록하였습니다. 별도로 사전을 찾지 않아도 부록 단어 주석을 통해 품사와 한어병음 등의 사전적 해설을 참고할 수 있습니다.

5 매일매일 쓰기를 확실히 끝냈는지 스스로 체크하기

외국어 공부가 작심삼일이 되는 가장 큰 이유 중 하나는 바로 스스로를 엄격히 체크하지 않아서입니다. 매일 꾸준한 학습이 이어질 수 있도록 1문장씩 학습을 마친 후에는 체크 일지에 학습 완료 표시를 합니다.

쓰기 수첩 목차

✓ **Warm Up**
기초 다지기 ·· 018p

✓ **Chapter 01** 범위, 방향, 대상, 근거 말하기
Day 001~012 ·· 032~043p
Test ·· 044p

✓ **Chapter 02** 동작의 결과 말하기
Day 013~022 ·· 048~057p
Test ·· 058p

✓ **Chapter 03** "~을 처치하다", "~에 의해 ~하다"
Day 023~030 ·· 062~069p
Test ·· 070p

✓ **Chapter 04** 동작의 방향 말하기
Day 031~042 ·· 074~085p
Test ·· 086p

✓ **Chapter 05** 동작에 추상적 의미를 더해 말하기
Day 043~052 ·· 090~099p
Test ·· 100p

✓ **Chapter 06** 동작의 가능성에 대해 말하기
Day 053~062 ·· 104~113p
Test ·· 114p

✓ **Chapter 07**　두 개의 문장을 이어서 말하기 Ⅰ
Day 063~070 ··· 118~125p
Test ·· 126p

✓ **Chapter 08**　두 개의 문장을 이어서 말하기 Ⅱ
Day 071~080 ··· 130~139p
Test ·· 140p

✓ **Chapter 09**　강조해서 말하기
Day 081~088 ··· 144~151p
Test ·· 152p

✓ **Chapter 10**　고정격식으로 말하기
Day 089~094 ··· 156~161p
Test ·· 162p

✓ **Chapter 11**　의문사의 특별한 용법
Day 095~100 ··· 166~171p
Test ·· 172p

✓ **부록**
단어 주석 ·· 176~186p

나의 쓰기 체크 일지

본격적인 '하루 한 줄 중국어 쓰기' 학습을 시작하기에 앞서, 수첩을 활용하여 공부하는 방법 및 '나의 쓰기 체크 일지' 활용 방법을 안내해 드리겠습니다. 꼭! 읽고 학습을 진행하시기 바랍니다.

 공부 방법

① 'DAY 1'마다 중국어 문장을 하나씩 학습합니다.
   (ex) '他在艺术方面有天分。(그는 예술에 천부적 소질이 있어요.)' 학습

② 입으로 직접 소리 내어 읽으면서 쓰도록 합니다.
   (ex) '他在艺术方面有天分。' 4번씩 쓰기

③ 배운 문장에 새로운 단어들을 넣어 응용 문장까지 써 봅니다.
   (ex) 他在任何情况下都很从容。(그는 어떠한 상황에서도 느긋해요.)

④ 학습을 완료한 후 '나의 쓰기 체크 일지'에 체크(✓) 표시를 합니다.

		Warm Up	Day 001
START ▶			
Day 002	Day 003	Day 004	Day 005	Day 006

Day 007	Day 008	Day 009	Day 010	Day 011
Day 012	Ch 1 Test / 20	Day 013	Day 014	Day 015
Day 016	Day 017	Day 018	Day 019	Day 020
Day 021	Day 022	Ch 2 Test / 20	Day 023	Day 024
Day 025	Day 026	Day 027	Day 028	Day 029
Day 030	Ch 3 Test / 20	Day 031	Day 032	Day 033
Day 034	Day 035	Day 036	Day 037	Day 038

Day 039	Day 040	Day 041	Day 042	Ch 4 Test /20
Day 043	Day 044	Day 045	Day 046	Day 047
Day 048	Day 049	Day 050	Day 051	Day 052
Ch 5 Test /20	Day 053	Day 054	Day 055	Day 056
Day 057	Day 058	Day 059	Day 060	Day 061
Day 062	Ch 6 Test /20	Day 063	Day 064	Day 065
Day 066	Day 067	Day 068	Day 069	Day 070

Ch 7 Test / 20	Day 071	Day 072	Day 073	Day 074
Day 075	Day 076	Day 077	Day 078	Day 079
Day 080	Ch 8 Test / 20	Day 081	Day 082	Day 083
Day 084	Day 085	Day 086	Day 087	Day 088
Ch 9 Test / 20	Day 089	Day 090	Day 091	Day 092
Day 093	Day 094	Ch 10 Test / 20	Day 095	Day 096
Day 097	Day 098	Day 099	Day 100	Ch 11 Test / 20

나의 다짐

다짐합니다.

나는 "나의 하루 한줄 중국어 쓰기 수첩"을

언제 어디서나 휴대하고 다니며

하루 한 문장씩 꾸준히 포기하지 않고

열심히 쓸 것을 다짐합니다.

만약 하루에 한 문장씩 쓰기로 다짐한

이 간단한 약속조차 지키지 못해

다시금 작심삼일이 될 경우,

이는 내 자신의 의지가 이 작은 것도 못 해내는

부끄러운 사람이란 것을 입증하는 것임을 알고,

따라서 내 스스로에게 부끄럽지 않도록

이 쓰기 수첩을 끝까지 쓸 것을

내 자신에게 굳건히 다짐합니다.

_____ 년 _____ 월 _____ 일

이름: _____

WARM UP

'고급문장 100'을 공부하기 전,
기초 및 중급문장을 제대로 알고 있는지
확인해 봅시다.

① 의문문

② 완료(了), 경험(过), 지속(着)

③ 부사

④ 생각, 의견을 나타내는 동사

⑤ 목적어를 2개 가지는 동사

⑥ 연동문, 겸어문

⑦ 명령문

⑧ 기타 의문문

⑨ 비교문

⑩ 정도 보어, 정태 보어

⑪ 동량 보어, 시량 보어

⑫ 대략의 수, 불특정한 것

🎧 mp3 001

① 의문문

: 질문할 때 '~입니까/습니까?'는 「동사+吗?」를 사용하고, '얼마/누구/어디/무엇'을 물어볼 때는 의문대명사 「多少/谁/哪儿/什么?」를 사용합니다.

① 「동사+吗?」 ~입니까/습니까?

你是韩国人吗? 한국인이세요?

你有现金吗? 현금 있어요?

② 「多少」 몇, 얼마

一共多少钱? 전부 얼마예요?

你们公司有多少人? 회사에 몇 명이 있어요?

③ 「谁」 누구, 누가

那个人是谁? 그 분은 누구예요?

谁会说汉语? 누가 중국어를 할 줄 알아요?

④ 「哪儿」 어디

你去哪儿? 어디에 가세요?

我们在哪儿见面? 우리 어디에서 만나요?

⑤ 「什么」 무엇, 무슨

你要吃什么? 뭐 드실 거예요?

你什么时候有时间? 언제 시간 있어요?

🎧 mp3 002

② 了, 过, 着

: 동사 뒤에 了를 붙여서 완료(~했다), 过를 붙여서 경험(~한 적이 있다), 着를 붙여서 지속(~하고 있다)의 뜻을 나타냅니다.

① 「동사+了」 ~했다 (완료)

我看了那部电影。 저는 그 영화를 봤어요.

我买了一辆汽车。 저는 차 한 대를 샀어요.

② 「没(有)+동사」 안 ~했다

我昨天没有喝酒。 어제 술을 안 마셨어요.

他没有吃晚饭。 그는 저녁을 안 먹었어요.

③ 「문장+了」 ~게 되다 (상황의 변화)

下雨了。 비가 오네요.

妹妹病了。 여동생이 병이 났어요.

④ 「동사+过」 ~한 적이 있다 (경험)

我以前学过汉语。 저는 예전에 중국어를 배운 적이 있어요.

我去过很多国家。 저는 많은 나라에 가 봤어요.

⑤ 「동사+着」 ~하고 있다 (지속)

他穿着一件新衣服。 그는 새 옷을 입고 있어요.

孩子们高兴地唱着歌。 아이들이 즐겁게 노래 부르고 있어요.

19

부사

: 동사나 형용사 앞에 꾸며주는 말, 부사를 사용해서 정도, 범위, 빈도, 시간, 부정, 양태, 어기 등을 나타냅니다.

① 「只」 단지, 오직

我只会说英语。 저는 영어만 할 줄 알아요.

我现在只有十块钱。 저는 지금 10위엔밖에 없어요.

② 「还」 아직, 여전히

他还在办公室。 그는 아직 사무실에 있어요.

你还是老样子。 너 여전히 그대로구나.

③ 「又」 또

他又迟到了。 그는 또 지각했어요.

你今天又加班吗？ 오늘 또 야근하세요?

④ 「就」 바로, 틀림없이

他就是专家。 그가 바로 전문가예요.

我家就在那儿。 저희 집은 바로 저기예요.

⑤ 「才」 ~에야, 그제야

他明天才能到。 그는 내일 도착할 수 있어요.

你怎么现在才来？ 왜 이제야 옵니까?

⑥「经常」자주, 항상

韩国冬天经常下雪。 한국은 겨울에 눈이 자주 와요.

我经常吃方便面。 저는 자주 라면을 먹어요.

⑦「马上」곧, 즉시

我马上过来。 저 금방 갈게요.

飞机马上就要起飞了。 비행기가 곧 이륙합니다.

⑧「有点(儿)」약간, 좀

我有点紧张。 저 좀 긴장돼요.

味道有点儿奇怪。 맛이 좀 이상해요.

⑨「已经」이미, 벌써

她已经结婚了。 그녀는 이미 결혼했어요.

我已经吃过饭了。 저는 이미 밥을 먹었어요.

⑩「差点儿」하마터면

我差点儿摔倒了。 하마터면 넘어질 뻔했어요.

我差点儿撞车。 하마터면 차에 치일 뻔했어요.

⑪「正在」마침 ~하고 있는 중이다

孩子正在睡觉呢。 아이가 자고 있어요.

我正在吃饭呢。 저 밥 먹고 있어요.

🎧 mp3 004

④ 생각, 의견

: 자신의 생각을 말할 때 觉得, 认为, 以为, 希望, 打算 등의 동사를 사용합니다. 이 동사들은 목적어로 명사뿐만 아니라 문장도 사용할 수 있습니다.

① 「觉得」 ~라고 느끼다, ~라고 생각하다

我觉得身体不舒服。 저 몸이 안 좋은 거 같아요.

我觉得这不是个好主意。 이건 좋은 생각이 아닌 거 같아요.

② 「认为」 ~라고 여기다/생각하다

我认为应该这样做。 이렇게 해야 한다고 생각해요.

我认为你错了。 당신이 잘못했다고 생각해요.

③ 「以为」 ~인 줄 알다

我以为她喜欢我。 그녀가 저를 좋아하는 줄 알았어요.

我以为今天会下雨。 오늘 비가 올 줄 알았어요.

④ 「希望」 ~하면 좋겠다

我希望你来看我。 네가 나를 보러 왔으면 좋겠어.

我希望快点放假。 빨리 방학했으면 좋겠어요.

⑤ 「打算」 ~할 예정이다

我打算去旅游。 여행갈 계획이에요.

我打算明天回来。 내일 돌아올 계획이에요.

이중목적어

: '주다'의 뜻을 가진 동사들은 두 개의 목적어를 사용할 수 있습니다. 다른 조사 없이 동사 뒤에 바로 '누구에게(대상)', '무엇을(물건)'이라는 목적어를 사용합니다.

① 「给」 주다

我给了她一封信。 그녀에게 편지를 줬어요.

我给你一周的时间。 당신에게 일주일의 시간을 줄게요.

② 「送」 보내다, 선물하다

哥哥送了我一本书。 오빠가 책 한 권을 줬어요.

我送了她一张贺卡。 그녀에게 축하카드를 줬어요.

③ 「教」 가르치다

老师教我们汉语。 선생님은 저희에게 중국어를 가르치세요.

妈妈教我游泳。 엄마가 제게 수영을 가르치세요.

④ 「问」 묻다

我问你一件事。 당신에게 한 가지 물어볼게요.

我想问老师几个问题。 선생님께 몇 가지 문제를 여쭤보고 싶어요.

⑤ 「告诉」 알리다

我告诉你一个秘密。 너한테 비밀 하나 얘기해 줄게.

请告诉我事实。 사실을 말씀해 주세요.

🎧 mp3 006

❻ 연동문, 겸어문

: 두 문장이 겹쳐진 구조로 연동문과 겸어문이 있습니다. 연동문은 시간 순서나 방법을 나타내고, 겸어문은 한 성분이 두 역할(주어&목적어)을 하는 문장입니다.

---

① 「坐+명사+동사」 ~을 타고 …하다

　我坐地铁上班。저는 지하철을 타고 출근해요.

　我会坐飞机回来。비행기 타고 돌아올 거예요.

---

② 「用+명사+동사」 ~을 사용해서 …하다

　我每天用汉语写日记。저는 매일 중국어로 일기를 써요.

　我不会用筷子夹菜。저는 젓가락으로 음식을 못 집어요.

---

③ 「请+명사+동사」 ~에게 …하기를 청하다

　我要请她吃饭。그녀에게 식사대접 할 거예요.

　他昨天请我们吃饭。그가 어제 저희에게 밥을 사 줬어요.

---

④ 「让+명사+동사」 ~에게 …시키다

　妈妈让我打扫卫生。엄마가 저보고 청소하래요.

　我不想让他失望。그를 실망시키고 싶지 않아요.

---

⑤ 「有/没有+명사+동사」 ~할 …이 있다/없다

　我有事要做。해야 할 일이 있어요.

　衣柜里没有衣服穿。옷장에 입을 옷이 없어요.

명령문

: 명령문은 문장 뒤에 吧를 사용하거나 다른 성분 없이 동사만 사용해서 표현할 수 있습니다. 이 밖에도 다양한 어감으로 표현하는 방법들이 있습니다.

① 「동사+吧」 ~해

你好好休息吧。 푹 쉬세요.

你先回去吧。 먼저 돌아가세요.

② 「别+동사」 ~하지 마세요

别生气。 화 내지 마세요.

别害怕。 두려워하지 마세요.

③ 「给我+동사!」 ~해!

给我走开! 꺼져!

给我站住! 거기 서!

④ 「最好是+동사」 ~하는 게 가장 좋아요

你最好是每天锻炼身体。 매일 운동하는 게 가장 좋아요.

这种衣服最好是手洗。 이 옷은 손세탁이 가장 좋아요.

⑤ 「형용사+(一)点儿」 좀 ~하세요

你小心点儿。 조심하세요.

安静一点儿。 조용히 하세요.

🎧 mp3 008

⑧ 기타 의문문

: 어기조사 吗나 의문대명사를 사용하는 것 외에도 상대방의 의향을 물을 때 다양한 표현들을 사용합니다.

① 「동사/명사+还是+동사/명사?」 ~할래요 아니면 ~할래요?

你付现金还是刷卡? 현금으로 하시겠어요 카드로 하시겠어요?

你喝咖啡还是喝绿茶? 커피 마실래요 녹차 마실래요?

② 「可以+동사+吗?」 ~해도 돼요?

在这里可以抽烟吗? 여기에서 담배 피워도 돼요?

我可以参加吗? 제가 참석해도 돼요?

③ 「문장, 好不好?」 ~하는 게 어때요?

咱们去济州岛, 好不好? 우리 제주도 가는 거 어때요?

星期天去爬山, 好不好? 일요일에 등산 가는 거 어때요?

④ 「是不是+동사?」 ~인 거 아니에요?

你是不是工作压力太大了? 업무 스트레스가 너무 큰 거 아니에요?

色彩是不是特别漂亮啊? 색깔이 너무 예쁘지 않아요?

⑤ 「문장, 对不对?」 ~맞지요?

这些书是你的, 对不对? 이 책들이 당신 것 맞지요?

他很厉害, 对不对? 그는 정말 대단해요, 그렇죠?

비교문

: 무엇과 무엇을 비교할 때 「A比B~(A가 B보다 ~하다)」의 형식을 사용하고 이 밖에도 다양한 표현방법들이 있습니다.

① 「比+명사+동사/형용사」 ~보다 …하다

今天比昨天冷。오늘은 어제보다 추워요.

弟弟比哥哥更高。남동생이 형보다 더 커요.

② 「没有+명사+동사/형용사」 ~보다 …하지 않다

今天没有昨天热。오늘은 어제보다 덥지 않아요.

这个房间没有那个大。이 방은 저 방보다 안 커요.

③ 「有+명사+这么/这样/那么/那样+동사/형용사」 ~만큼 …하다

他有你这么高。그는 당신만큼 커요.

北京有韩国那么冷。북경은 한국만큼 추워요.

④ 「명사₁+不如+명사₂」 ~이 …보다 낫다

今天的天气不如昨天。오늘 날씨가 어제보다 못해요.

百闻不如一见。백문이 불여일견이다.

⑤ 「越来越+동사/형용사」 점점 ~하다

天气越来越热。날씨가 점점 더워져요.

物价越来越高。물가가 점점 높아져요.

🎧 mp3 010

⑩ 정도 보어, 정태 보어

: 서술어의 의미를 보완해 주는 것에 보어가 있습니다. 정도가 어떠한지는 형용사 뒤에 极了나 得很을 붙이고, 동작이 어떠한지는 동사 뒤에 「得+형용사」를 사용해서 나타냅니다.

---

① 「형용사+极了/死了/透了/坏了」 아주/심하게/무척 ~하다

小孩子高兴极了。 아이가 무척 즐거워해요.

我饿死了。 배고파 죽겠어요.

---

② 「형용사+得+很/厉害/不得了」 아주/심하게/무척 ~하다

那个姑娘漂亮得很。 저 아가씨가 정말 예뻐요.

我腿疼得厉害。 저 다리가 너무 아파요.

---

③ 「동사+得+형용사」 ~하는 게 …하다

我最近过得很好。 요즘 아주 잘 지내요.

她昨天来得很晚。 그녀는 어제 아주 늦게 왔어요.

---

④ 「동사+명사+동사+得+형용사」 ~을 ~하는 게 …하다

他说汉语说得很流利。 그는 중국어를 유창하게 해요.

他走路走得很快。 그는 아주 빨리 걸어요.

---

⑤ 「동사+得+不+형용사」 ~하는 게 …하지 않다

这个字写得不对。 이 글자 잘못 썼어요.

我姐姐长得不漂亮。 저희 누나는 안 예쁘게 생겼어요.

🎧 mp3 011

⑪ 동량 보어, 시량 보어

: 어떤 동작을 몇 번 했는지, 얼마동안 했는지는 동사 뒤에 동작의 양(동량)과 시간의 양(시량)을 나타내는 단어를 붙여서 표현합니다.

---

① 「동사+횟수+명사」 ~번 …하다

我吃过一次这个菜。 저는 이 음식을 한 번 먹어 봤어요.

我看了一遍展览会。 박람회를 한 번 봤어요.

---

② 「동사+대명사+횟수」 ~번 …하다

我见过她一次。 저는 그녀를 한 번 봤어요.

我去过那儿三次。 저는 거기에 세 번 가 봤어요.

---

③ 「没+동사+几+次/遍」 몇 번 안 ~하다

他们俩没见过几次。 그들 둘은 몇 번 안 만났어요.

他没看几遍，就会背了。 그는 몇 번 안 보고 바로 외웠어요.

---

④ 「동사+기간」 ~동안 …하다

我在北京住了一年。 저는 북경에서 1년간 살았어요.

我学汉语学了半年。 그는 반년간 중국어를 배웠어요.

---

⑤ 「동사+기간+的+명사」 ~동안 …을 ~하다

他学了三个月的汉语。 그는 3개월 동안 중국어를 배웠어요.

我看了一天的电视。 저는 하루 종일 TV를 봤어요.

대략~, 어떤~

: 대략의 수를 말할 때 左右, 숫자 나열, 几, 多 등을 사용하고 불특정한 것에는 명사 앞에 有를 사용합니다.

---

① 「左右」 ~쯤/정도

我十点左右睡觉。 저는 10시쯤 자요.

我晚上八点左右回家。 저는 저녁 8시쯤 집에 가요.

---

② 「숫자 나열」 그 정도

我睡了两三个小时。 저 두세 시간 잤어요.

教室里有三四个人。 교실에 서너 명이 있어요.

---

③ 「几」 몇, 수

我每天背十几个生词。 저는 매일 열몇 개의 단어를 외워요.

他带着十几个人来了。 그는 십여 명의 사람을 데리고 왔어요.

---

④ 「多」 ~이상/여

坐飞机需要一个多小时。 비행기로 한 시간 이상 걸려요.

我学汉语学了一年多。 저는 중국어를 1년 이상 배웠어요.

---

⑤ 「有」 어떤

外面有人敲门。 밖에 어떤 사람이 문을 두드려요.

我有时候熬夜看书。 저는 가끔 밤새워 책을 봐요.

CHAPTER 01

범위, 방향, 대상, 근거 말하기
- 개사

Day 001	他在艺术方面有天分。
Day 002	他从美国回来了。
Day 003	他往那边逃跑了。
Day 004	学生向老师提问。
Day 005	我给你打电话。
Day 006	大家对这件事很关心。
Day 007	我今天跟她见面。
Day 008	为了你的健康,不要抽烟。
Day 009	下午的会议由金主管主持。
Day 010	我们必须按照规定处理。
Day 011	随着年龄增大,视力减弱了。
Day 012	除了你,其他人都到了。

DAY 001 ___월 ___일

그는 예술에 천부적 소질이 있어요.

他在艺术方面有天分。

Tā zài yìshù fāngmiàn yǒu tiānfèn.

설명 「在~方面/中/下」=「~방면/과정/상황에서」

他有天分。그는 천부적 소질이 있어요. + 在艺术方面 예술 방면에서

他在艺术方面有天分。그는 예술에 천부적 소질이 있어요.

장소 앞에 사용하는 在(~에서)는 추상적인 의미로 '어떤 방면, 과정, 조건에서'라는 뜻으로도 사용합니다. 이 때 方面(~방면/부분), 中(~과정/도중), 下(~상황 아래)라는 단어를 같이 사용합니다.

읽으면서 써 보기 (쓰고 √ 표시) mp3 013

☐ 他在艺术方面有天分。
☐
☐
☐

응용해서 써 보기 mp3 014

① 그는 경기 중에 부상을 당했어요. (부상을 당하다 = 受伤 shòushāng)
→

② 그는 어떠한 상황에서도 느긋해요. (어떠한 = 任何 rènhé, 느긋하다 = 从容 cóngróng)
→

정답
① 他在比赛中受伤了。Tā zài bǐsài zhōng shòushāng le.
② 他在任何情况下都很从容。Tā zài rènhé qíngkuàng xià dōu hěn cóngróng.

DAY 002 ___월 ___일

> 그는 미국에서 돌아왔어요.
>
> # 他从美国回来了。
>
> Tā cóng Měiguó huílái le.

설명 「从~」=「~으로부터, ~에서(출발점)」

他回来了。그는 돌아왔어요. + 从美国 미국에서

他从美国回来了。그는 미국에서 돌아왔어요.

从은 '~으로부터, ~에서'라는 뜻으로 시간과 장소의 출발점을 나타냅니다. 또한 뒤에 到(~까지)와 함께 쓰여「从A到B(A에서 B까지)」의 형식으로 쓸 수 있습니다.

읽으면서 써 보기   (쓰고 √표시)   🎧 mp3 015

☐ 他从美国回来了。
☐
☐
☐

응용해서 써 보기   🎧 mp3 016

① 저희 회사는 8시부터 일하기 시작해요. (시작하다 = 开始 kāishǐ)

→

② 여기에서 거기까지 차로 1시간 걸려요. (필요하다 = 要 yào)

→

정답
① 我们公司从八点开始工作。Wǒmen gōngsī cóng bā diǎn kāishǐ gōngzuò.
② 从这儿到那儿坐车要一个小时。Cóng zhèr dào nàr zuò chē yào yí ge xiǎoshí.

DAY 003 ___월 ___일

그는 저쪽<u>으로</u> 도망갔어요.

他往那边逃跑了。

Tā wǎng nàbiān táopǎo le.

설명 「往~」=「~으로, ~을 향해(방향)」

他逃跑了。그는 도망갔어요. + 往那边 저쪽으로

他往那边逃跑了。그는 저쪽으로 도망갔어요.

往은 '~으로, ~을 향해'라는 뜻으로 방향을 말할 때 사용합니다. 往 뒤에는 前(앞), 后(뒤)와 같이 방향을 나타내는 단어를 사용합니다. 「往+방향+동사(~으로 ~하다)」라는 형식으로 쓰입니다.

읽으면서 써 보기 (쓰고 √표시)   mp3 017

☐ 他往那边逃跑了。
☐
☐
☐

응용해서 써 보기   mp3 018

① 기사님, 앞으로 곧장 가 주세요. (똑바로, 곧장 = 一直 yìzhí)

→

② 앞에서 왼쪽으로 돌면 바로 도착할 수 있어요. (돌다 = 拐 guǎi)

→

정답

① 师傅, 请一直往前走。Shīfu, Qǐng yìzhí wǎng qián zǒu.
② 你在前面往左拐, 就能到。Nǐ zài qiánmiàn wǎng zuǒ guǎi, jiù néng dào.

DAY 004 ___월 ___일

학생이 선생님께 질문해요.

学生向老师提问。

Xuésheng xiàng lǎoshī tíwèn.

설명 「向~」=「~에게, ~한테(행동이 향하는 대상)」
学生提问。학생이 질문해요. + 向老师 선생님한테
学生向老师提问。학생이 선생님께 질문해요.

向은 '~에게, 한테'라는 뜻으로 행동이 향하는 대상에 사용합니다. 보통 동사 提问(질문하다), 打招呼(인사하다), 学习(배우다) 앞에 사용합니다. 「向+사람+동사(~에게 ~하다)」라는 형식으로 쓰입니다.

읽으면서 써 보기 (쓰고 √표시)   🎧 mp3 019

☐ 学生向老师提问。
☐
☐
☐

응용해서 써 보기   🎧 mp3 020

① 그 아이가 저를 향해 손을 흔들었어요. (손을 흔들다 = 招手 zhāoshǒu)
→

② 그녀가 우리에게 인사했어요. (인사하다 = 打招呼 dǎ zhāohu)
→

정답
① 那孩子向我招手了。Nà háizi xiàng wǒ zhāoshǒu le.
② 她向我们打了招呼。Tā xiàng wǒmen dǎ le zhāohu.

DAY 005 ___월 ___일

제가 당신에게 전화할게요.

我给你打电话。

Wǒ gěi nǐ dǎ diànhuà.

설명 「给~」=「~에게」

我打电话。 저는 전화해요. + 给你 당신에게

我给你打电话。 제가 당신에게 전화할게요.

给은 '~에게'라는 뜻으로 무엇을 주는 대상에 사용합니다. 실제 물건을 주거나 어떤 행동의 결과를 준다는 의미를 모두 포함합니다. 「给+사람+동사(~에게 ~하다)」라는 형식으로 사용합니다.

읽으면서 써 보기 (쓰고 √표시)   mp3 021

☐ 我给你打电话。
☐
☐
☐

응용해서 써 보기   mp3 022

① 저는 친구에게 편지를 쓰려고 해요. (편지를 쓰다 = 写信 xiě xìn)
→

② 저는 다른 사람에게 폐를 끼치기 싫어요. (폐를 끼치다 = 添麻烦 tiān máfan)
→

정답

① 我要给朋友写一封信。Wǒ yào gěi péngyou xiě yì fēng xìn.
② 我不愿意给别人添麻烦。Wǒ bú yuànyi gěi biérén tiān máfan.

DAY 006 ___월 ___일

> 모두들 이 일에 아주 관심이 있어요.
>
> # 大家对这件事很关心。
>
> Dàjiā duì zhè jiàn shì hěn guānxīn.

설명 「对~」 = 「~에, ~에 대해」

大家很关心。 모두들 아주 관심이 있어요. + 对这件事 이 일에 대해

大家对这件事很关心。 모두들 이 일에 아주 관심이 있어요.

对는 '~에, ~에 대해'라는 뜻으로 동작의 대상에 사용합니다. 「对+명사+동사(~에 ~하다)」라는 형식으로 사용합니다.

읽으면서 써 보기 (쓰고 √표시)   🎧 mp3 023

☐ 大家对这件事很关心。
☐
☐
☐

응용해서 써 보기   🎧 mp3 024

① 그는 영화에 아주 흥미를 느껴요. (흥미를 느끼다 = 感兴趣 gǎn xìngqù)
→

② 우유 마시는 것이 수면에 도움이 돼요. (수면 = 睡眠 shuìmián)
→

정답

① 他对电影很感兴趣。 Tā duì diànyǐng hěn gǎn xìngqù.
② 喝牛奶对睡眠有帮助。 Hē niúnǎi duì shuìmián yǒu bāngzhù.

DAY 007 ___월 ___일

> 저는 오늘 그녀와 만나요.
> # 我今天跟她见面。
> Wǒ jīntiān gēn tā jiànmiàn.

설명 「跟~」=「~와」

见面 만나다 + 跟她 그녀와 → 跟她见面 그녀와 만나다
我今天跟她见面。 저는 오늘 그녀와 만나요.

跟은 '~와'라는 뜻으로 무엇을 함께 하는 사람이나 관련 있는 일에 사용합니다. 「跟+명사+동사(~와 ~하다)」라는 형식으로 사용합니다. 비슷한 뜻인 和(hé)와 바꿔 쓸 수 있습니다.

읽으면서 써 보기 (쓰고 √표시)   🎧 mp3 025

☐ 我今天跟她见面。
☐
☐
☐

응용해서 써 보기   🎧 mp3 026

① 저는 친구와 함께 영화를 볼 거예요. (함께 = 一起 yìqǐ)
→

② 저는 이 일과 관계가 없어요. (관계 = 关系 guānxi)
→

정답
① 我要跟朋友一起看电影。Wǒ yào gēn péngyou yìqǐ kàn diànyǐng.
② 我和这件事没有关系。Wǒ hé zhè jiàn shì méiyǒu guānxi.

DAY 008 ___월 ___일

> 당신의 건강을 위해 담배를 피우지 마세요.
>
> # 为了你的健康,不要抽烟。
>
> Wèi le nǐ de jiànkāng, bú yào chōuyān.

설명 「为了~」=「~을 위해」

不要抽烟。담배를 피우지 마세요. + 为了你的健康 당신의 건강을 위해

为了你的健康, 不要抽烟。당신의 건강을 위해 담배를 피우지 마세요.

为了는 '~을 위해'라는 뜻으로 목적에 사용합니다. 「为了+목적, 동사(~을 위해 ~하다)」라는 형식으로 사용합니다.

읽으면서 써 보기 (쓰고 √ 표시)   mp3 027

☐ 为了你的健康, 不要抽烟。
☐
☐
☐

응용해서 써 보기   mp3 028

① 이 날을 위해서 꼬박 3년을 기다렸어요. (온전히, 꼬박 = 整整 zhěngzhěng)

→

② 어둡기 전에 도착하기 위해 일찍 출발합시다. (출발하다 = 动身 dòngshēn)

→

정답

① 为了这一天, 整整等了三年。Wèi le zhè yì tiān zhěngzhěng děng le sān nián.
② 为了天黑前到达, 早点动身吧。Wèi le tiānhēi qián dàodá, zǎodiǎn dòngshēn ba.

DAY 009 ___월 ___일

오후 회의는 김 팀장님이 진행합니다.

下午的会议由金主管主持。

Xiàwǔ de huìyì yóu Jīn zhǔguǎn zhǔchí.

설명 「由~」=「~이/가」

主持 진행하다 + 由金主管 김 팀장님이 → 由金主管主持 김 팀장님이 진행하다
下午的会议由金主管主持。오후 회의는 김 팀장님이 진행합니다.

由는 '~이/가'라는 뜻으로 행동의 주체자에게 사용합니다. 「由+사람+동사(~이/가 ~하다)」라는 형식으로 사용합니다.

읽으면서 써 보기 (쓰고 √ 표시) 🎧 mp3 029

☐ 下午的会议由金主管主持。
☐
☐
☐

응용해서 써 보기 🎧 mp3 030

① 일 준비하는 것은 제가 맡을게요. (맡다, 책임지다 = 负责 fùzé)
→

② 이제 제가 회사 상황에 대해 소개하겠습니다. (소개하다 = 介绍 jièshào)
→

정답

① 准备工作由我负责吧。Zhǔnbèi gōngzuò yóu wǒ fùzé ba.
② 现在由我来介绍公司情况。Xiànzài yóu wǒ lái jièshào gōngsī qíngkuàng.

DAY 010 ___월 ___일

우리는 반드시 규정에 따라 처리해야 해요.

我们必须按照规定处理。

Wǒmen bìxū ànzhào guīdìng chǔlǐ.

설명 「按照~」=「~에 따라」

处理 처리하다 + 按照 规定 규정에 따라 → 按照 规定 处理 규정에 따라 처리하다
我们必须按照规定处理。 우리는 반드시 규정에 따라 처리해야 해요.

按照는 '~에 따라'라는 뜻으로 어떤 기준을 따른다고 할 때 사용합니다. 「按照+기준+동사(~에 따라 ~하다)」라는 형식으로 사용합니다.

읽으면서 써 보기 (쓰고 √표시)　　　　　　　　　　🎧 mp3 031

☐ 我们必须按照规定处理。
☐
☐
☐

응용해서 써 보기　　　　　　　　　　　　　　　　🎧 mp3 032

① 이 문제는 법에 따라 처리해야 해요. (법 = 法律 fǎlǜ)

→

② 일이 저희 바람대로 성공했어요. (바람 = 愿望 yuànwàng, 성공하다 = 成功 chénggōng)

→

정답

① 这个问题要按照法律处理。Zhè ge wèntí yào ànzhào fǎlǜ chǔlǐ.
② 事情按照我们的愿望成功了。Shìqing ànzhào wǒmen de yuànwàng chénggōng le.

DAY 011 ___월 ___일

나이가 들면서 시력이 약해졌어요.

随着年龄增大, 视力减弱了。

Suízhe niánlíng zēngdà, shìlì jiǎnruò le.

설명 「随着~」=「~함에 따라, ~면서」

视力减弱了。시력이 약해졌어요. + 随着年龄增大 나이가 증가함에 따라

随着年龄增大, 视力减弱了。나이가 들면서 시력이 약해졌어요.

随着는 '~함에 따라, ~으면서'라는 뜻으로 어떤 변화로 결과가 나타날 때 사용합니다. 「随着+변화, 결과(~함에 따라 ~해지다)」라는 형식으로 사용합니다.

읽으면서 써 보기 (쓰고 √ 표시)   mp3 033

☐ 随着年龄增大, 视力减弱了。
☐
☐
☐

응용해서 써 보기   mp3 034

① 시간이 지나면서 이것은 자연스레 변색될 겁니다. (유수처럼 지나가다 = 流逝 liúshì)
→

② 경제가 발전하면서 생활수준도 높아졌어요. (향상되다 = 提高 tígāo)
→

정답

① 随着时间的流逝, 这会自然变色。Suízhe shíjiān de liúshì, zhè huì zìrán biànsè.
② 随着经济发展, 生活水平也提高了。Suízhe jīngjìfāzhǎn, shēnghuóshuǐpíng yě tígāo le.

DAY 012 ___월 ___일

당신 외에 다른 사람들은 모두 도착했어요.

除了你，其他人都到了。

Chú le nǐ, qítā rén dōu dào le.

설명 「除了~」=「~외에, ~을 제외하고」

其他人都到了。다른 사람들은 모두 도착했어요. + 除了你 당신 외에
除了你，其他人都到了。당신 외에 다른 사람들은 모두 도착했어요.

除了는 '~외에, ~을 제외하고'라는 뜻으로 무엇이 포함되지 않았을 때 사용합니다. 「除了 +명사/동사, 동사(~외에 ~하다)」라는 형식으로 사용합니다.

읽으면서 써 보기 (쓰고 √표시) 🎧 mp3 035

☐ 除了你，其他人都到了。
☐
☐
☐

응용해서 써 보기 🎧 mp3 036

① 저녁에 중국어 공부 외에 다른 일은 안 해요. (다른 일 = 別的事 bié de shì)

→

② 약간 작은 것 말고는 이 방 꽤 괜찮아요. (괜찮다 = 不错 búcuò)

→

정답

① 我晚上除了学汉语，不做别的事。Wǒ wǎnshang chú le xué hànyǔ, bú zuò bié de shì.
② 除了稍小一点以外，这套房间还不错。Chú le shāoxiǎo yìdiǎn yǐwài, zhè tào fángjiān hái búcuò.

TEST

※ 배운 문장을 기억하여 중국어로 써 보세요.

01. 그는 예술에 천부적 소질이 있어요.
    →

02. 그는 경기 중에 부상을 당했어요.
    →

03. 그는 미국에서 돌아왔어요.
    →

04. 그는 저쪽으로 도망갔어요.
    →

05. 기사님, 앞으로 곧장 가 주세요.
    →

06. 학생이 선생님께 질문해요.
    →

07. 그 아이가 저를 향해 손을 흔들었어요.
    →

08. 제가 당신에게 전화할게요.
    →

09. 저는 친구에게 편지를 쓰려고 해요.
    →

10. 모두들 이 일에 아주 관심이 있어요.
    →

11. 그는 영화에 아주 흥미를 느껴요.
    →

12. 저는 오늘 그녀와 만나요.
    →

13. 저는 친구와 함께 영화를 볼 거예요.
    →

14. 당신의 건강을 위해 담배를 피우지 마세요.
    →

15. 오후 회의는 김 팀장님이 진행합니다.
    →

16. 일 준비하는 것은 제가 맡을게요.
    →

17. 우리는 반드시 규정에 따라 처리해야 해요.
    →

18. 나이가 들면서 시력이 약해졌어요.
    →

19. 경제가 발전하면서 생활수준도 높아졌어요.
    →

20. 당신 외에 다른 사람들은 모두 도착했어요.
    →

TEST 정답

01. 他在艺术方面有天分。
02. 他在比赛中受伤了。
03. 他从美国回来了。
04. 他往那边逃跑了。
05. 师傅，请一直往前走。
06. 学生向老师提问。
07. 那孩子向我招手了。
08. 我给你打电话。
09. 我要给朋友写一封信。
10. 大家对这件事很关心。
11. 他对电影很感兴趣。
12. 我今天跟她见面。
13. 我要跟朋友一起看电影。
14. 为了你的健康，不要抽烟。
15. 下午的会议由金主管主持。
16. 准备工作由我负责吧。
17. 我们必须按照规定处理。
18. 随着年龄增大，视力减弱了。
19. 随着经济发展，生活水平也提高了。
20. 除了你，其他人都到了。

CHAPTER 02

동작의 결과 말하기
- 결과 보어

Day 013	我昨晚看完了这本小说。
Day 014	我终于找到了称心如意的工作。
Day 015	我一口气吃掉了两碗饭。
Day 016	我听懂了老师讲的话。
Day 017	你看见王老师了吗?
Day 018	他抓住了难得的机会。
Day 019	晚饭都准备好了。
Day 020	这种布料很容易洗干净。
Day 021	你能再说清楚一点吗?
Day 022	我昨天没睡好。

DAY 013 ___월 ___일

> 저는 어젯밤에 이 소설을 다 봤어요.
> **我昨晚看完了这本小说。**
> Wǒ zuówǎn kànwán le zhè běn xiǎoshuō.

설명 「동사+完」=「다 ~하다」

看 보다 + 完 (완성하다, 끝마치다) → 看完 다 보다

我昨晚看完了这本小说。 저는 어젯밤에 이 소설을 다 봤어요.

完은 '완성하다, 끝마치다'라는 뜻이기 때문에, 동사 뒤에 完을 사용하면 '어떤 행동을 다 하다'라는 뜻이 됩니다. 예: 卖完(다 팔리다), 用完(다 쓰다)

읽으면서 써 보기 (쓰고 √표시) mp3 037

☐ 我昨晚看完了这本小说。
☐
☐
☐

응용해서 써 보기 mp3 038

① 재고를 이미 거의 다 팔았어요. (재고 = 库存 kùcún, 거의 = 几乎 jīhū)
→

② 건전지를 이미 다 썼어요. (건전지 = 电池 diànchí)
→

정답
① 库存已几乎卖完了。Kùcún yǐ jīhū màiwán le.
② 电池已经用完了。Diànchí yǐjīng yòngwán le.

DAY 014 ___월 ___일

> 저는 드디어 마음에 드는 일을 찾았어요.
>
> # 我终于找到了称心如意的工作。
>
> Wǒ zhōngyú zhǎodào le chènxīnrúyì de gōngzuò.

설명 「동사+到」=「~했다, ~까지 했다(달성)」

找 찾다 + 到 (달성하다, 도달하다) → 找到 찾았다

我终于找到了称心如意的工作。 저는 드디어 마음에 드는 일을 찾았어요.

동사 뒤에 到를 사용하면 '어떤 것에 도달하다/달성하다'라는 뜻이 됩니다. 목적을 이루거나 어떤 지점에 도달했다고 말할 때 사용합니다. 예: 买到(샀다), 增加到(~까지 증가했다)

읽으면서 써 보기 (쓰고 √표시) 🎧 mp3 039

☐ 我终于找到了称心如意的工作。
☐
☐
☐

응용해서 써 보기 🎧 mp3 040

① 그런 물건은 사기 어려워요. (~하기 어렵다 = 很难~ hěnnán~)

→

② 저는 몸무게가 90kg까지 늘었어요. (증가하다 = 增加 zēngjiā)

→

정답

① 那种东西很难买到。Nà zhǒng dōngxi hěnnán mǎidào.
② 我体重增加到了九十公斤。Wǒ tǐzhòng zēngjiādào le jiǔshí gōngjīn.

DAY 015 ___월 ___일

> 저는 단숨에 밥 두 공기를 먹어 버렸어요.
>
> # 我一口气吃掉了两碗饭。
>
> Wǒ yìkǒuqì chīdiào le liǎng wǎn fàn.

설명 「동사+掉」=「~해 버리다」

吃 먹다 + 掉 (해 버리다) → 吃掉 먹어 버리다

我一口气吃掉了两碗饭。 저는 단숨에 밥 두 공기를 먹어 버렸어요.

본래 掉는 '아래로 떨어지다'라는 뜻이기 때문에, 동사 뒤에 掉를 사용하면 '~해 버리다'라는 뜻이 됩니다. 예: 忘掉(잊어버리다), 删掉(삭제해 버리다)

읽으면서 써 보기 (쓰고 √ 표시) 🎧 mp3 041

☐ 我一口气吃掉了两碗饭。
☐
☐
☐

응용해서 써 보기 🎧 mp3 042

① 과거의 안 좋은 기억은 빨리 잊으세요. (빨리 = 尽快 jǐnkuài, 즐겁다 = 愉快 yúkuài)

→

② 저는 중요한 프로그램을 삭제했어요. (삭제하다 = 删 shān, 프로그램 = 软件 ruǎnjiàn)

→

정답
① 你尽快忘掉过去不愉快的记忆。Nǐ jǐnkuài wàngdiào guòqù bùyúkuài de jìyì.
② 我删掉了重要的软件。Wǒ shāndiào le zhòngyào de ruǎnjiàn.

DAY 016 ___월 ___일

> 저는 선생님 말씀을 듣고 이해했어요.
>
> # 我听懂了老师讲的话。
>
> Wǒ tīngdǒng le lǎoshī jiǎng de huà.

설명 「동사+懂」=「~하고 이해하다」

听 듣다 + 懂 (이해하다) → 听懂 듣고 이해하다

我听懂了老师讲的话。 저는 선생님 말씀을 듣고 이해했어요.

懂은 '이해하다'라는 뜻이기 때문에, 동사 뒤에 懂을 사용하면 '~해서 이해하다'라는 뜻이 됩니다. 예: 听懂(듣고 이해하다), 读懂(읽고 이해하다)

읽으면서 써 보기 (쓰고 √표시) 🎧 mp3 043

☐ 我听懂了老师讲的话。
☐
☐
☐

응용해서 써 보기 🎧 mp3 044

① 이 책을 이해할 수 있어요? (보다 = 看 kàn)

→

② 경기 규칙을 모르면 경기를 이해하기 어려워요. (알다 = 熟悉 shúxī, 규칙 = 规则 guīzé)

→

정답

① 你能看懂这本书吗? Nǐ néng kàndǒng zhè běn shū ma?
② 不熟悉比赛规则，很难看懂比赛。Bù shúxī bǐsàiguīzé, hěnnán kàndǒng bǐsài.

DAY 017 ___월 ___일

왕 선생님을 보셨어요?

你看见王老师了吗?

Nǐ kànjiàn Wáng lǎoshī le ma?

설명 「동사+见」=「~보다」

看 보다 + 见 (보다, 만나다) → 看见 보다

你看见王老师了吗? 왕 선생님을 보셨어요?

본래 见은 '보다, 만나다'라는 뜻이기 때문에, 동사 뒤에 见을 사용하면 시각이나 청각으로 대상을 파악한다는 뜻이 됩니다. 예: 听见(듣다), 碰见(만나다)

읽으면서 써 보기   (쓰고 √표시)   mp3 045

☐ 你看见王老师了吗?

☐

☐

☐

응용해서 써 보기   mp3 046

① 저는 발소리를 들었어요. (발소리 = 脚步声 jiǎobùshēng)

→

② 오늘 길에서 오랜 친구를 만났어요. (우연히 만나다 = 碰见 pèngjiàn)

→

정답

① 我听见了脚步声。Wǒ tīngjiàn le jiǎobùshēng.
② 今天在路上碰见了老朋友。Jīntiān zài lù shang pèngjiàn le lǎopéngyǒu.

DAY 018 ___월 ___일

> 그는 얻기 어려운 기회를 잡았어요.
>
> # 他抓住了难得的机会。
>
> Tā zhuāzhù le nándé de jīhuì.

설명 「동사+住」=「(꽉) ~하다」

抓 잡다 + 住(고정되다, 견고하게 하다) → 抓住 (꽉) 잡다

他抓住了难得的机会。 그는 얻기 어려운 기회를 잡았어요.

본래 住는 '살다, 거주하다'라는 뜻이기 때문에, 동사 뒤에 住를 사용하면 어떤 동작이 고정된다는 뜻이 됩니다. 예: 记住(기억해 두다), 握住(꽉 잡다)

읽으면서 써 보기 (쓰고 √ 표시)　　　🎧 mp3 047

☐ 他抓住了难得的机会。
☐
☐
☐

응용해서 써 보기　　　🎧 mp3 048

① 잘 기억하고 잊지 마세요. (잊다 = 忘 wàng)
→

② 저는 그녀의 손을 꽉 잡았어요. (잡다 = 握 wò, 굳게 = 紧紧 jǐnjǐn)
→

정답
① 你好好记住，别忘了。Nǐ hǎohao jìzhù, bié wàng le.
② 我紧紧握住了她的手。Wǒ jǐnjǐn wòzhù le tā de shǒu.

DAY 019 ___월 ___일

> 저녁밥이 다 준비됐어요.
>
> # 晚饭都准备好了。
>
> Wǎnfàn dōu zhǔnbèihǎo le.

설명 「동사+好」=「(다 잘) ~되다」

准备 준비하다 + 好 (잘 마무리 되다) → 准备好 다 잘 준비되다

晚饭都准备好了。 저녁밥이 다 준비됐어요.

본래 好는 '좋다'라는 뜻이기 때문에, 동사 뒤에 好를 사용하면 동작의 결과가 잘 완성된 상태라는 뜻이 됩니다. 예: 安排好(다 안배하다), 写好(잘 쓰다)

읽으면서 써 보기 (쓰고 √표시)   🎧 mp3 049

☐ 晚饭都准备好了。
☐
☐
☐

응용해서 써 보기   🎧 mp3 050

① 여행사에서 관광 일정을 다 짰어요. (안배하다 = 安排 ānpái)

→

② 이 위에다 주소를 써 주세요. (주소 = 地址 dìzhǐ)

→

정답

① 旅行社安排好了游程。Lǚxíngshè ānpáihǎo le yóuchéng.
② 在这上面请写好您的地址。Zài zhè shàngmiàn qǐng xiěhǎo nín de dìzhǐ.

DAY 020 ___월 ___일

이 천은 쉽게 깨끗이 세탁돼요.

这种布料很容易洗干净。

Zhè zhǒng bùliào hěn róngyì xǐgānjìng.

설명 「동사+干净」=「깨끗이 ~하다」

洗 씻다 + 干净 (깨끗하다) → 洗干净 깨끗이 씻다

这种布料很容易洗干净。 이 천은 쉽게 깨끗이 세탁돼요.

'깨끗하다'라는 뜻의 干净을 동사 뒤에 사용하면 동작의 결과가 깨끗한 상태라는 뜻이 됩니다. 예: 打扫干净(깨끗이 청소하다), 擦干净(깨끗이 닦다)

읽으면서 써 보기 (쓰고 √표시)   mp3 051

☐ 这种布料很容易洗干净。
☐
☐
☐

응용해서 써 보기   mp3 052

① 사과를 깨끗이 씻은 뒤 반으로 자릅니다. (자르다 = 切 qiē)
→

② 안 보이는 곳도 깨끗이 청소해야 해요. (구석진 곳 = 背眼的地方 bèiyǎn de dìfang)
→

정답

① 苹果洗干净后，切成两半。Píngguǒ xǐgānjìng hòu, qiēchéng liǎng bàn.
② 背眼的地方也得打扫干净。Bèiyǎn de dìfang yě děi dǎsǎogānjìng.

DAY 021 ___월 ___일

> 다시 좀 분명하게 말씀해 주시겠어요?
>
> # 你能再说清楚一点吗?
> Nǐ néng zài shuōqīngchu yìdiǎn ma?

설명 「동사+清楚」= 「분명하게 ~하다」

说 말하다 + 清楚 (분명하다) → 说清楚 분명하게 말하다

你能再说清楚一点吗? 다시 좀 분명하게 말씀해 주시겠어요?

'분명하다'라는 뜻의 清楚를 동사 뒤에 사용하면 동작의 결과가 분명하거나 명확한 상태라는 뜻이 됩니다. 예: 想清楚(분명하게 생각하다), 看清楚(분명하게 보다)

읽으면서 써 보기 (쓰고 √표시)   🎧 mp3 053

☐ 你能再说清楚一点吗?
☐
☐
☐

응용해서 써 보기   🎧 mp3 054

① 잘 생각하세요, 후회하지 마시고. (후회하다 = 吃后悔药 chī hòuhuǐyào)
→

② 망원경을 이용해서 분명하게 볼 수 있어요. (망원경 = 望远镜 wàngyuǎnjìng)
→

정답
① 请你想清楚，别吃后悔药。Qǐng nǐ xiǎngqīngchu, bié chī hòuhuǐyào.
② 利用望远镜可以看清楚。Lìyòng wàngyuǎnjìng kěyǐ kànqīngchu.

DAY 022 ___월 ___일

> 저 어제 잠을 잘 못 잤어요.
> **我昨天没睡好。**
> Wǒ zuótiān méi shuìhǎo.

설명 「没(有)+동사+결과보어」=「안/못 ~했다」
没(有) 안/못 + 睡好 잘 잤다 → 没(有) 睡好 잘 못 잤다
我昨天没睡好。 저 어제 잠을 잘 못 잤어요.
동작이 일어난 결과를 부정문으로 만들 때는 과거를 부정할 때 사용하는 没(有)를 사용합니다. 예: 没吃完(다 못 먹었다), 没听清楚(잘 못 들었다)

읽으면서 써 보기 (쓰고 √표시)   🎧 mp3 055

☐ 我昨天没睡好。
☐
☐
☐

응용해서 써 보기   🎧 mp3 056

① 죄송하지만 잘 못 들었어요. (듣다 = 听 tīng)
   →

② 그가 못 해낸 일을 저희가 해냈어요. (하다 = 做 zuò)
   →

정답
① 抱歉，我没有听清楚。Bàoqiàn, wǒ méiyǒu tīngqīngchu.
② 他没有做到的事，我们做到了。Tā méiyǒu zuòdào de shì, wǒmen zuòdào le.

TEST

※ 배운 문장을 기억하여 중국어로 써 보세요.

01. 저는 어젯밤에 이 소설을 다 봤어요.
    →

02. 재고를 이미 거의 다 팔았어요.
    →

03. 저는 드디어 마음에 드는 일을 찾았어요.
    →

04. 그런 물건은 사기 어려워요.
    →

05. 저는 단숨에 밥 두 공기를 먹어 버렸어요.
    →

06. 과거의 안 좋은 기억은 빨리 잊으세요.
    →

07. 저는 선생님 말씀을 듣고 이해했어요.
    →

08. 이 책을 이해할 수 있어요?
    →

09. 왕 선생님을 보셨어요?
    →

10. 저는 발소리를 들었어요.
    →

11. 그는 얻기 어려운 기회를 잡았어요.
    →

12. 저는 그녀의 손을 꽉 잡았어요.
    →

13. 저녁밥이 다 준비됐어요.
    →

14. 여행사에서 관광 일정을 다 짰어요.
    →

15. 이 천은 쉽게 깨끗이 세탁돼요.
    →

16. 안 보이는 곳도 깨끗이 청소해야 해요.
    →

17. 다시 좀 분명하게 말씀해 주시겠어요?
    →

18. 망원경을 이용해서 분명하게 볼 수 있어요.
    →

19. 저 어제 잠을 잘 못 잤어요.
    →

20. 죄송하지만 잘 못 들었어요.
    →

TEST 정답

01. 我昨晚看完了这本小说。
02. 库存已几乎卖完了。
03. 我终于找到了称心如意的工作。
04. 那种东西很难买到。
05. 我一口气吃掉了两碗饭。
06. 你尽快忘掉过去不愉快的记忆。
07. 我听懂了老师讲的话。
08. 你能看懂这本书吗？
09. 你看见王老师了吗？
10. 我听见了脚步声。
11. 他抓住了难得的机会。
12. 我紧紧握住了她的手。
13. 晚饭都准备好了。
14. 旅行社安排好了游程。
15. 这种布料很容易洗干净。
16. 背眼的地方也得打扫干净。
17. 你能再说清楚一点吗？
18. 利用望远镜可以看清楚。
19. 我昨天没睡好。
20. 抱歉，我没有听清楚。

CHAPTER 03

"~을 처치하다", "~에 의해 ~하다"
- 把字文, 被字文

Day 023	我把药吃了。
Day 024	我把客人送到机场了。
Day 025	他把顾客看做皇帝。
Day 026	我没有把照相机带来。
Day 027	小偷被抓住了。
Day 028	窗户被小王打碎了。
Day 029	她被这件事给吓坏了。
Day 030	我没有被妈妈打过。

DAY 023 ___월 ___일

> 저는 약을 먹었어요.
>
> # 我把药吃了。
>
> Wǒ bǎ yào chī le.

설명 「把+명사+동사」=「~을 어떻게 하다(처치하다)」

我吃了. 저는 먹었어요. + 把药 약을

我把药吃了. 저는 약을 먹었어요.

把는 '무엇을 어떻게 처치하다'라고 말하고 싶을 때 사용합니다. 我吃药了는 평범하게 약을 먹은 사실을 보여주지만, 我把药吃了라고 하면 '약'을 '먹은 행동'으로 처치했다는 뜻이 됩니다.

읽으면서 써 보기 (쓰고 √표시)   🎧 mp3 057

☐ 我把药吃了。
☐
☐
☐

응용해서 써 보기   🎧 mp3 058

① 저는 이 소식을 그에게 알릴 거예요. (소식 = 消息 xiāoxi)
→

② 우리 이 문제를 연구해 봅시다. (연구하다 = 研究 yánjiū)
→

정답
① 我会把这个消息告诉他。Wǒ huì bǎ zhè ge xiāoxi gàosù tā.
② 咱们把这个问题研究研究。Zánmen bǎ zhè ge wèntí yánjiū yánjiū.

DAY 024 ___월___일

저는 손님을 공항에 모셔다 드렸어요.

我把客人送到机场了。

Wǒ bǎ kèrén sòngdào jīchǎng le.

설명 「把+명사+동사+到/在+장소」=「~을 …에 어떻게 하다(처치하다)」
送到机场 공항에 바래주다 + 把客人 손님을
我把客人送到机场了。 저는 손님을 공항에 모셔다 드렸어요.
把 뒤의 명사를 '어디에 어떻게 처치하다'라고 구체적으로 말하기 위해서 동사 뒤에 到나 在를 사용합니다.

읽으면서 써 보기 (쓰고 √표시) mp3 059

☐ 我把客人送到机场了。
☐
☐
☐

응용해서 써 보기 mp3 060

① 그의 말을 마음에 두지 마세요. (두다, 놓다 = 放 fàng)
→

② 옷을 통풍이 잘 되는 곳에 말리세요. (말리다 = 晾 liàng, 통풍 = 通风 tōngfēng)
→

정답
① 别把他的话放在心上。 Bié bǎ tā de huà fàngzài xīn shang.
② 请把衣服晾在通风好的地方。 Qǐng bǎ yīfu liàngzài tōngfēng hǎo de dìfang.

DAY 025 ___월 ___일

그는 고객을 황제라고 생각해요.

他把顾客看做皇帝。

Tā bǎ gùkè kànzuò huángdì.

설명 「把+명사+看做/叫做/当做+명사」=「~을 …라고 생각하다/부르다/삼다」
看做皇帝 황제라고 생각하다 + 把顾客 고객을
他把顾客看做皇帝。 그는 고객을 황제라고 생각해요.
把 뒤의 명사를 '어떻게 생각하다/부르다/삼다'라고 말할 때 동사 看做/叫做/当做를 사용합니다.

읽으면서 써 보기 (쓰고 √표시)　　　　mp3 061

☐ 他把顾客看做皇帝。
☐
☐
☐

응용해서 써 보기　　　　mp3 062

① 그는 그의 말을 아첨하는 말로 여겨요. (아첨하는 말 = 恭维话 gōngwéihuà)
→

② 보통 이런 사람들을 '스몸비'라고 불러요. (스몸비 = 低头族 dītóuzú)
→

정답
① 他把他的话看做是恭维话。Tā bǎ tā de huà kànzuò shì gōngwéihuà.
② 通常把这些人叫做低头族。Tōngcháng bǎ zhè xiē rén jiàozuò dītóuzú.

DAY 026 ___월 ___일

저는 카메라를 안 가져왔어요.

我没有把照相机带来。

Wǒ méiyǒu bǎ zhàoxiàngjī dàilái.

설명 「不/没有+把+명사+동사」=「~을 어떻게 하지 않다/않았다」

我把照相机带来了。저는 카메라를 가져 왔어요.

我没有把照相机带来了。저는 카메라를 안 가져 왔어요.

把가 있는 문장을 부정하고 싶을 때는 동사 앞이 아니라 把 앞에 不나 没有를 사용합니다.

읽으면서 써 보기 (쓰고 √ 표시)　　　　🎧 mp3 063

☐ 我没有把照相机带来。
☐
☐
☐

응용해서 써 보기　　　　🎧 mp3 064

① 왜 말을 다 끝까지 하지 않아요? (말하다 = 说话 shuōhuà)

→

② 저는 이 소식을 아무에게도 알리지 않았어요. (누군가, 아무 = 任何人 rènhérén)

→

정답

① 你怎么不把话说完? Nǐ zěnme bù bǎ huà shuōwán?
② 我没有把这个消息告诉任何人。Wǒ méiyǒu bǎ zhè ge xiāoxi gàosù rènhérén.

DAY 027 ___월 ___일

> 도둑이 잡혔어요.
>
> # 小偷被抓住了。
>
> Xiǎotōu bèi zhuāzhù le.

설명 「被+동사」=「~하게 되다(피동)」

抓住 잡다 → 被抓住 잡히다

小偷被抓住了。도둑이 잡혔어요.

'~하게 되다'라고 다른 사람이나 상황에 의해 행동한다고 말할 때 동사 앞에 被를 사용합니다.

읽으면서 써 보기 (쓰고 √ 표시) 🎧 mp3 065

☐ 小偷被抓住了。
☐
☐
☐

응용해서 써 보기 🎧 mp3 066

① 그는 커닝하다가 들켰어요. (커닝하다 = 作弊 zuòbì, 발견하다 = 发现 fāxiàn)
→

② 녹차는 건강에 좋다고 알려져 있어요. (여기다 = 认为 rènwéi, 유익하다 = 有益 yǒuyì)
→

정답
① 他作弊时被发现了。Tā zuòbì shí bèi fāxiàn le.
② 绿茶被认为有益于健康。Lǜchá bèi rènwéi yǒuyìyú jiànkāng.

DAY 028 ___월 ___일

> 창문이 샤오왕에 의해 깨졌어요.
>
> # 窗户被小王打碎了。
>
> Chuānghu bèi Xiǎo Wáng dǎsuì le.

설명 「被+명사+동사」=「~에 의해 …하게 되다(피동)」

窗户被打碎了。 창문이 깨졌어요. + 被小王 샤오왕에 의해

窗户被小王打碎了。 창문이 샤오왕에 의해 깨졌어요.

被 뒤에 사람을 넣어서 '누군가에 의해 ~하게 되다'라고 말할 수 있습니다.

읽으면서 써 보기 (쓰고 √ 표시) 🎧 mp3 067

☐ 窗户被小王打碎了。
☐
☐
☐

응용해서 써 보기 🎧 mp3 068

① 모두들 그한테 설득 당했어요. (설득하다 = 说服 shuōfú)

→

② 저는 할아버지한테 혼났어요. (혼내다, 꾸짖다 = 说 shuō)

→

정답
① 大家都被他说服了。Dàjiā dōu bèi tā shuōfú le.
② 我被爷爷说了一顿。Wǒ bèi yéye shuō le yí dùn.

DAY 029 ___월 ___일

> 그녀는 이 일로 크게 놀랐어요.
>
> # 她被这件事给吓坏了。
>
> Tā bèi zhè jiàn shì gěi xiàhuài le.

설명 「被+명사+给+동사」=「~에 의해 …하게 되다(구어적인 표현)」
她被这件事吓坏了。그녀는 이 일로 크게 놀랐어요.
她被这件事给吓坏了。그녀는 이 일로 크게 놀랐어요.(구어적인 표현)
피동을 나타내는 被문장의 동사 앞에 给를 사용하면 좀 더 구어적인 표현(말할 때 사용하는 표현)이 됩니다.

읽으면서 써 보기 (쓰고 √표시)   mp3 069

☐ 她被这件事给吓坏了。
☐
☐
☐

응용해서 써 보기   mp3 070

① 일기예보에 속았어요. (속이다 = 骗 piàn)
→

② 제 자전거를 남동생이 타고 갔어요. (자전거를 타다 = 骑自行车 qí zìxíngchē)
→

정답
① 被天气预报给骗了。Bèi tiānqìyùbào gěi piàn le.
② 我的自行车被弟弟给骑走了。Wǒ de zìxíngchē bèi dìdi gěi qízǒu le.

DAY 030 ___월 ___일

> 저는 엄마한테 맞은 적이 없어요.
> # 我没有被妈妈打过。
> Wǒ méiyǒu bèi māma dǎguò.

설명 「不/没有+被+명사+동사」=「~에 의해 …게 되지 않다/않았다」

我被妈妈打过。 저는 엄마한테 맞은 적이 있어요.
我没有被妈妈打过。 저는 엄마한테 맞은 적이 없어요.

被가 있는 문장을 부정하고 싶을 때도 不나 没有를 동사 앞이 아니라 被 앞에 사용합니다.

읽으면서 써 보기 (쓰고 √ 표시)   mp3 071

☐ 我没有被妈妈打过。
☐
☐
☐

응용해서 써 보기   mp3 072

① 이 옷은 비에 젖지 않아요. (젖다 = 淋湿 línshī)
→

② 그 단어들은 사전에 수록되지 않았어요. (수록하다 = 收入 shōurù)
→

정답
① 这件衣服不会被雨淋湿。Zhè jiàn yīfu búhuì bèi yǔ línshī.
② 那些词语没被收入词典当中。Nà xiē cíyǔ méi bèi shōurù cídiǎn dāngzhōng.

TEST

※ 배운 문장을 기억하여 중국어로 써 보세요.

01. 저는 약을 먹었어요.
    →

02. 저는 이 소식을 그에게 알릴 거예요.
    →

03. 우리 이 문제를 연구해 봅시다.
    →

04. 저는 손님을 공항에 모셔다 드렸어요.
    →

05. 그의 말을 마음에 두지 마세요.
    →

06. 옷을 통풍이 잘 되는 곳에 말리세요.
    →

07. 그는 고객을 황제라고 생각해요.
    →

08. 그는 그의 말을 아첨하는 말로 여겨요.
    →

09. 보통 이런 사람들을 '스몸비'라고 불러요.
    →

10. 저는 카메라를 안 가져 왔어요.
    →

11. 왜 말을 다 끝까지 하지 않아요?
    →

12. 저는 이 소식을 아무에게도 알리지 않았어요.
    →

13. 도둑이 잡혔어요.
    →

14. 녹차는 건강에 좋다고 알려져 있어요.
    →

15. 창문이 샤오왕에 의해 깨졌어요.
    →

16. 모두들 그한테 설득 당했어요.
    →

17. 그녀는 이 일로 크게 놀랐어요.
    →

18. 일기예보에 속았어요.
    →

19. 저는 엄마한테 맞은 적이 없어요.
    →

20. 이 옷은 비에 젖지 않아요.
    →

TEST 정답

01. 我把药吃了。
02. 我会把这个消息告诉他。
03. 咱们把这个问题研究研究。
04. 我把客人送到机场了。
05. 别把他的话放在心上。
06. 请把衣服晾在通风好的地方。
07. 他把顾客看做皇帝。
08. 他把他的话看做是恭维话。
09. 通常把这些人叫做低头族。
10. 我没有把照相机带来。
11. 你怎么不把话说完?
12. 我没有把这个消息告诉任何人。
13. 小偷被抓住了。
14. 绿茶被认为有益于健康。
15. 窗户被小王打碎了。
16. 大家都被他说服了。
17. 她被这件事给吓坏了。
18. 被天气预报给骗了。
19. 我没有被妈妈打过。
20. 这件衣服不会被雨淋湿。

CHAPTER 04

동작의 방향 말하기
- 방향보어

Day 031　苍蝇从外面进来了。

Day 032　我今天要打的回去。

Day 033　小鸟从树上飞上天空。

Day 034　行李太重了，把它放下吧。

Day 035　我把下边的东西都搬上来了。

Day 036　雨点滴滴答答地掉下来。

Day 037　音乐声从外面传了进来。

Day 038　他把书从书包里拿出来了。

Day 039　小孩子朝妈妈走过来。

Day 040　那封信又返回来了。

Day 041　大风拔起了几棵树。

Day 042　学生们都站起来了。

DAY 031 ___월___일

> 파리가 밖에서 들어왔어요.
>
> # 苍蝇从外面进来了。
>
> Cāngying cóng wàimiàn jìnlái le.

설명 「동사+来」=「~해 오다」

进 (바깥으로부터 안으로) 들다 + 来 오다 → 进来 들어오다

동사 뒤에 来를 사용해서 화자를 향해 '~해 오다'라는 동작의 방향을 나타낼 수 있습니다. 예: 跑来(뛰어오다), 寄来(부쳐오다)

읽으면서 써 보기 (쓰고 √표시)   mp3 073

☐ 苍蝇从外面进来了。
☐
☐
☐

응용해서 써 보기   mp3 074

① 그는 그 소식을 듣고 바로 뛰어왔어요. (뛰다 = 跑 pǎo)
→

② 짙은 꽃향기가 정면에서 풍겨왔어요. (향기 등이 찌르다 = 扑 pū)
→

정답
① 他听到那消息, 马上跑来了。Tā tīngdào nà xiāoxi, mǎshàng pǎolái le.
② 浓郁的花香迎面扑来了。Nóngyù de huāxiāng yíngmiàn pūlái le.

DAY 032 ___월 ___일

> 저는 오늘 택시 타고 갈 거예요.
> **我今天要打的回去。**
> Wǒ jīntiān yào dǎdī huíqù.

설명 「동사+去」=「~해 가다」

回 (원위치로) 되돌다 + 去 가다 → 回去 되돌아가다

동사 뒤에 去를 사용해서 화자로부터 멀어져 '~해 가다'라는 동작의 방향을 나타낼 수 있습니다. 예: 借去(빌려가다), 拿去(가져가다)

읽으면서 써 보기 (쓰고 √표시) 🎧 mp3 075

☐ 我今天要打的回去。
☐
☐
☐

응용해서 써 보기 🎧 mp3 076

① 제 사전을 샤오리가 빌려갔어요. (빌리다 = 借 jiè)
→

② 누가 제 볼펜을 가져갔어요? (볼펜 = 钢笔 gāngbǐ)
→

정답
① 我的词典小李借去了。Wǒ de cídiǎn Xiǎo Lǐ jièqù le.
② 谁拿去了我的钢笔？Sheí náqù le wǒ de gāngbǐ?

DAY 033 ___월 ___일

> 작은 새가 나무에서 하늘로 날아올라요.
>
> # 小鸟从树上飞上天空。
>
> Xiǎoniǎo cóng shù shang fēishàng tiānkōng.

설명 「동사+上」=「(위로) ~하다」

飞 날다 + 上 (위로) → 飞上 날아오르다

동사 뒤에 上을 사용해서 '(위로) ~하다'라는 동작의 방향을 나타낼 수 있습니다. 예: 爬上(기어오르다), 走上(걸어 올라가다)

읽으면서 써 보기   (쓰고 √ 표시)   🎧 mp3 077

☐ 小鸟从树上飞上天空。
☐
☐
☐

응용해서 써 보기   🎧 mp3 078

① 그는 마침내 그 암석을 올랐어요. (기다 = 爬 pá, 암석 = 岩石 yánshí)
→

② 그는 얼굴을 붉히며 시상대로 올라갔어요. (시상대 = 领奖台 lǐngjiǎngtái)
→

정답
① 他终于爬上了那块岩石。Tā zhōngyú páshàng le nà kuài yánshí.
② 他红着脸, 走上了领奖台。Tā hóng zhe liǎn, zǒushàng le lǐngjiǎngtái.

DAY 034 ___월 ___일

> 짐이 너무 무거우니까 내려놓으세요.
>
> # 行李太重了，把它放下吧。
>
> Xíngli tài zhòng le, bǎ tā fàngxià ba.

설명 「동사+下」=「(아래로) ~하다」

放 놓다 + 下 (아래로) → 放下 내려놓다

동사 뒤에 下를 사용해서 '(아래로) ~하다'라는 동작의 방향을 나타낼 수 있습니다. 예: 吞下(삼키다), 走下(걸어 내려가다)

읽으면서 써 보기 (쓰고 √ 표시) 🎧 mp3 079

☐ 行李太重了，把它放下吧。
☐
☐
☐

응용해서 써 보기 🎧 mp3 080

① 그는 약을 삼켰어요. (삼키다 = 吞 tūn)

→

② 아이는 조심히 계단을 내려왔어요. (계단 = 楼梯 lóutī)

→

정답

① 他把药吞下了。Tā bǎ yào tūnxià le.
② 孩子小心地走下了楼梯。Háizi xiǎoxīn de zǒuxià le lóutī.

DAY 035 ___월 ___일

> 아래의 물건을 모두 옮겨 왔어요.
>
> **我把下边的东西都搬上来了。**
>
> Wǒ bǎ xiàbiān de dōngxi dōu bānshànglái le.

설명 「동사+上来」=「~해 올라오다」

搬 옮기다 + 上来 (올라오다) → 搬上来 옮겨 올라오다 (=옮겨 오다)

동사 뒤에 上来를 사용해서 '~해 올라오다'라는 동작의 방향을 나타낼 수 있습니다. 예: 走上来(걸어 올라오다), 带上来(가지고 올라오다). 또한 上来를 上去로 바꾸어 「동사+上去(~해 올라가다)」로 사용할 수 있습니다.

읽으면서 써 보기   (쓰고 √표시)   🎧 mp3 081

☐ 我把下边的东西都搬上来了。
☐
☐
☐

응용해서 써 보기   🎧 mp3 082

① 엘리베이터가 고장나서 계단으로 올라왔어요. (엘리베이터 = 电梯 diàntī)
→

② 그 개가 날쌔게 뛰어 올라왔어요. (뛰다 = 跑 pǎo, 민첩하게 = 敏捷地 mǐnjié de)
→

정답

① 电梯坏了, 我从楼梯走上来了。Diàntī huài le, wǒ cóng lóutī zǒushànglái le.
② 那只狗敏捷地跑上来了。Nà zhī gǒu mǐnjié de pǎoshànglái le.

DAY 036 ___월 ___일

> 빗방울이 뚝뚝 떨어져요.
> **雨点滴滴答答地掉下来。**
> Yǔdiǎn dīdidādā de diàoxiàlái.

설명 「동사+下来」=「~해 내려오다」

掉 떨어지다 + 下来 (내려오다) → 掉下来 떨어져 내려오다 (=떨어지다)

동사 뒤에 下来를 사용해서 '~해 내려오다'라는 동작의 방향을 나타낼 수 있습니다. 예: 拿下来(가지고 내려오다), 滑下来(미끄러져 내려오다). 또한 下来를 下去로 바꾸어 「동사+下去(~해 내려가다)」로 사용할 수 있습니다.

읽으면서 써 보기 (쓰고 √표시)   🎧 mp3 083

☐ 雨点滴滴答答地掉下来。
☐
☐
☐

응용해서 써 보기   🎧 mp3 084

① 그 물건들을 내려 주세요. (손으로 잡다 = 拿 ná)
  →

② 원숭이도 가끔 나무에서 떨어져요. (원숭이 = 猴子 hóuzi, 떨어지다 = 掉 diào)
  →

정답

① 请你把那些东西拿下来吧。Qǐng nǐ bǎ nà xiē dōngxi náxiàlái ba.
② 猴子偶尔也会从树上掉下来。Hóuzi ǒu'ěr yě huì cóng shù shang diàoxiàlái.

DAY 037 ___월 ___일

> 음악 소리가 밖에서 들려요.
>
> **音乐声从外面传了进来。**
>
> Yīnyuèshēng cóng wàimiàn chuán le jìnlái.

설명 「동사+进来」=「~해 들어오다」

传 전하다 + 进来 (들어오다) → 传进来 전해 들어오다 (=들리다)

동사 뒤에 进来를 사용해서 '~해 들어오다'라는 동작의 방향을 나타낼 수 있습니다. 예: 走进来(걸어 들어오다), 闯进来(뛰어 들어오다). 또한 进来를 进去로 바꾸어 「동사+进去(~해 들어가다)」로 사용할 수 있습니다.

읽으면서 써 보기 (쓰고 √표시) 🎧 mp3 085

☐ 音乐声从外面传了进来。
☐
☐
☐

응용해서 써 보기 🎧 mp3 086

① 아무 때나 이사 오시면 됩니다. (이사하다, 옮겨 가다 = 搬 bān)
→

② 그들은 담소하며 걸어 들어와요. (웃으며 이야기하다 = 连说带笑 liánshuōdàixiào)
→

정답

① 你可以随时搬进来。Nǐ kěyǐ suíshí bānjìnlái.
② 他们俩连说带笑地走进来。Tāmen liǎ liánshuōdàixiào de zǒujìnlái.

DAY 038 ___월 ___일

> 그는 책을 책가방에서 꺼냈어요.
>
> # 他把书从书包里拿出来了。
>
> Tā bǎ shū cóng shūbāo lǐ náchūlái le.

설명 「동사+出来」=「~해 나오다」

拿 (손에) 잡다 + 出来 (나오다) → 拿出来 잡아 나오다 (=꺼내다)

동사 뒤에 出来를 사용해서 '~해 나오다'라는 동작의 방향을 나타낼 수 있습니다. 예: 走出来(걸어 나오다), 挖出来(파내다). 또한 出来를 出去로 바꾸어 「동사+出去(~해 나가다)」로 사용할 수 있습니다.

읽으면서 써 보기 (쓰고 √표시) 🎧 mp3 087

☐ 他把书从书包里拿出来了。
☐
☐
☐

응용해서 써 보기 🎧 mp3 088

① 그는 회의실에서 걸어 나왔어요. (회의실 = 会议室 huìyìshì)

→

② 저는 이것을 눈 속에서 꺼냈어요. (파다 = 挖 wā)

→

정답
① 他从会议室里走出来了。Tā cóng huìyìshì lǐ zǒuchūlái le.
② 我把这个从雪里挖出来了。Wǒ bǎ zhè ge cóng xuě lǐ wāchūlái le.

DAY 039 ___월 ___일

> 아이가 엄마를 향해 걸어와요.
>
> # 小孩子朝妈妈走过来。
>
> Xiǎoháizi cháo māma zǒuguòlái.

설명 「동사+过来」=「~해 지나오다」

走 걷다 + 过来 (지나오다) → 走过来 걸어서 지나오다 (=걸어오다)

동사 뒤에 过来를 사용해서 '~해 지나오다'라는 동작의 방향을 나타낼 수 있습니다. 예: 飞过来(날아오다), 运过来(운반해 오다). 또한 过来를 过去로 바꾸어 「동사+过去(~해 지나가다)」로 사용할 수 있습니다.

읽으면서 써 보기 (쓰고 √표시) mp3 089

☐ 小孩子朝妈妈走过来。
☐
☐
☐

응용해서 써 보기 mp3 090

① 나비 한 마리가 날아왔어요. (나비 = 蝴蝶 húdié)

→

② 풍향이 이미 바뀌었어요. (바뀌다 = 转 zhuǎn, 풍향 = 风向 fēngxiàng)

→

정답

① 一只蝴蝶飞过来了。Yì zhī húdié fēiguòlái le.
② 风向已经转过来了。Fēngxiàng yǐjīng zhuǎnguòlái le.

DAY 040 ___월 ___일

> 그 편지가 또 되돌아왔어요.
>
> # 那封信又返回来了。
>
> Nà fēng xìn yòu fǎnhuílái le.

설명 「동사+回来」=「~해 돌아오다」

返 되돌다 + 回来 (돌아오다) → 返回来 돌아서 오다 (=되돌아오다)

동사 뒤에 回来를 사용해서 '~해 돌아오다'라는 동작의 방향을 나타낼 수 있습니다. 예: 飞回来(날아오다), 送回来(보내오다). 또한 回来를 回去로 바꾸어 「동사+回去(~해 돌아가다)」로 사용할 수 있습니다.

읽으면서 써 보기 (쓰고 √ 표시)   🎧 mp3 091

☐ 那封信又返回来了。
☐
☐
☐

응용해서 써 보기   🎧 mp3 092

① 봄이 되니 제비가 날아왔어요. (제비 = 燕子 yànzi)
→

② 책을 다 본 후 제게 돌려주세요. (보내다 = 送 sòng)
→

정답
① 春天到了, 燕子飞回来了。 Chūntiān dào le, yànzi fēihuílái le.
② 书看完以后, 给我送回来。 Shū kànwán yǐhòu, gěi wǒ sònghuílái.

DAY 041 ___월 ___일

거센 바람이 나무 몇 그루를 뽑았어요.

大风拔起了几棵树。

Dàfēng báqǐ le jǐ kē shù.

설명 「동사+起」=「(위로) ~하다」

拔 뽑다 + 起 (위로 올라가다) → 拔起 (위로) 뽑다

동사 뒤에 起를 사용해서 '(위로) ~하다'라는 동작의 방향을 나타낼 수 있습니다. 예: 跳起(뛰어오르다), 抬起(들어올리다)

읽으면서 써 보기 (쓰고 √표시)   🎧 mp3 093

☐ 大风拔起了几棵树。
☐
☐
☐

응용해서 써 보기   🎧 mp3 094

① 물고기 한 마리가 팔딱 뛰어요. (뛰다 = 跳 tiào, 팔딱 = 泼剌 pōlà)
 →

② 그는 마이크를 들고 노래 부르기 시작했어요. (마이크 = 话筒 huàtǒng)
 →

정답
① 一条鱼泼剌跳起。Yì tiáo yú pōlà tiàoqǐ.
② 他拿起话筒，开始唱歌了。Tā náqǐ huàtǒng, kāishǐ chànggē le.

DAY 042 ___월 ___일

> 학생들이 모두 일어섰어요.
> 学生们都站起来了。
> Xuéshēngmen dōu zhànqǐlái le.

설명 「동사+起来」=「~해 일어나다」
站 서다 + 起来 (일어나다) → 站起来 일어서다

동사 뒤에 起来를 사용해서 '~해 일어나다'라는 동작의 방향을 나타낼 수 있습니다. 예: 升起来(떠오르다), 扶起来(부축하다)

읽으면서 써 보기 (쓰고 √ 표시) mp3 095

☐ 学生们都站起来了。
☐
☐
☐

응용해서 써 보기 mp3 096

① 잠시 뒤 태양이 떠오르기 시작했어요. (떠오르다 = 升 shēng)
→

② 당신이 가서 넘어진 아이를 일으켜 주세요. (넘어지다 = 跌倒 diēdǎo, 부축하다 = 扶 fú)
→

정답
① 过了片刻，太阳开始升起来了。Guò le piànkè, tàiyáng kāishǐ shēngqǐlái le.
② 你去把跌倒的孩子扶起来。Nǐ qù bǎ diēdǎo de háizi fúqǐlái.

TEST

※ 배운 문장을 기억하여 중국어로 써 보세요.

01. 파리가 밖에서 들어왔어요.
→

02. 그는 그 소식을 듣고 바로 뛰어왔어요.
→

03. 저는 오늘 택시 타고 갈 거예요.
→

04. 작은 새가 나무에서 하늘로 날아올라요.
→

05. 그는 마침내 그 암석을 올랐어요.
→

06. 짐이 너무 무거우니까 내려놓으세요.
→

07. 그는 약을 삼켰어요.
→

08. 아래의 물건을 모두 옮겨 왔어요.
→

09. 빗방울이 뚝뚝 떨어져요.
→

10. 그 물건들을 내려 주세요.
→

11. 음악 소리가 밖에서 들려요.
    →

12. 아무 때나 이사 오시면 됩니다.
    →

13. 그는 책을 책가방에서 꺼냈어요.
    →

14. 아이가 엄마를 향해 걸어와요.
    →

15. 나비 한 마리가 날아왔어요.
    →

16. 그 편지가 또 되돌아왔어요.
    →

17. 봄이 되니 제비가 날아왔어요.
    →

18. 거센 바람이 나무 몇 그루를 뽑았어요.
    →

19. 학생들이 모두 일어섰어요.
    →

20. 당신이 가서 넘어진 아이를 일으켜 주세요.
    →

TEST 정답

01. 苍蝇从外面进来了。
02. 他听到那消息，马上跑来了。
03. 我今天要打的回去。
04. 小鸟从树上飞上天空。
05. 他终于爬上了那块岩石。
06. 行李太重了，把它放下吧。
07. 他把药吞下了。
08. 我把下边的东西都搬上来了。
09. 雨点滴滴答答地掉下来。
10. 请你把那些东西拿下来吧。
11. 音乐声从外面传了进来。
12. 你可以随时搬进来。
13. 他把书从书包里拿出来了。
14. 小孩子朝妈妈走过来。
15. 一只蝴蝶飞过来了。
16. 那封信又返回来了。
17. 春天到了，燕子飞回来了。
18. 大风拔起了几棵树。
19. 学生们都站起来了。
20. 你去把跌倒的孩子扶起来。

CHAPTER 05

동작에 추상적 의미를 더해 말하기
- 방향 보어의 파생적 의미

Day 043	看来要下雨了。
Day 044	请你把窗户关上。
Day 045	念了几遍就背上来了。
Day 046	所有的材料都交上去了。
Day 047	汽车在我前面停了下来。
Day 048	他打算在这儿长久住下去。
Day 049	孩子们看着他的表情笑起来了。
Day 050	请翻过来洗涤。
Day 051	她突然晕过去了。
Day 052	他的年龄很难猜出来。

DAY 043 ___월 ___일

보아하니 비가 올 거 같아요.
看来要下雨了。
Kànlái yào xiàyǔ le.

설명 「동사+来」=「(짐작하여) ~해 보니」

看 보다 + 来 (짐작해 보니) → 看来 보아하니

동사 뒤에 来를 사용하면 추상적으로 '(짐작하여) ~해 보니'라는 뜻이 됩니다. 예: 说来(말하자면), 想来(생각해 보니), 算来(계산해 보니)

읽으면서 써 보기 (쓰고 √ 표시)   🎧 mp3 097

☐ 看来要下雨了。
☐
☐
☐

응용해서 써 보기   🎧 mp3 098

① 이 일은 말하자면 이야기가 길어요. (말, 이야기 = 话 huà)
→

② 지금 생각해 보니 너무 아쉬워요. (유감스럽다 = 遗憾 yíhàn)
→

정답
① 这事情说来话长。Zhè shìqíng shuōlái huà cháng.
② 现在想来，特别遗憾。Xiànzài xiǎnglái, tèbié yíhàn.

DAY 044 ___월 ___일

창문을 닫아 주세요.
请你把窗户关上。
Qǐng nǐ bǎ chuānghù guānshàng.

설명 「동사+上」= 「1)고정되다, 접촉하다 2)어떤 상황에 들어가다」

关 닫다 + 上 (고정되다) → 关上 닫다

동사 뒤에 上을 사용하면 추상적으로 '고정되다, 어떤 상황에 들어가다'라는 뜻이 됩니다. 예: 1)追上 (따라 잡다), 2)看上(반하다)

읽으면서 써 보기 (쓰고 √표시)　　　mp3 099

☐ 请你把窗户关上。
☐
☐
☐

응용해서 써 보기　　　mp3 100

① 그는 드디어 대학에 붙었어요. (시험을 보다 = 考 kǎo)
→

② 저는 한 여자에게 반했어요. (보다 = 看 kàn)
→

정답
① 他终于考上大学了。Tā zhōngyú kǎoshàng dàxué le.
② 我看上了一位姑娘了。Wǒ kànshàng le yí wèi gūniáng le.

DAY 045 ___월 ___일

> 몇번 읽고 바로 외웠어요.
>
> # 念了几遍就背上来了。
>
> Niàn le jǐ biàn jiù bèishànglái le.

설명 「동사+上来」=「1)하급에서 상급으로 오다 2)말이나 생각으로 표현되다」

背 외우다 + 上来 (표현되다) → 背上来 외우게 되다

동사 뒤에 上来를 사용하면 추상적으로 '하급에서 상급으로 오다, 말이나 생각으로 표현되다'라는 뜻이 됩니다. 예: 1)提高上来(향상되다), 2)答上来(대답하다)

읽으면서 써 보기 (쓰고 √표시)   🎧 mp3 101

☐ 念了几遍就背上来了。
☐
☐
☐

응용해서 써 보기   🎧 mp3 102

① 한 명만이 완벽하게 대답했어요. (대답하다 = 答 dá)
→

② 그의 시력이 점차 좋아졌어요. (시력 = 视力 shìlì, 향상되다 = 提高 tígāo)
→

정답

① 只有一个人完完整整地答上来了。Zhǐyǒu yígerén wánwánzhěngzhěng de dáshànglái le.
② 他的视力逐步提高上来了。Tā de shìlì zhúbù tígāoshànglái le.

DAY 046 ___월 ___일

> 모든 자료를 다 제출했어요.
> **所有的材料都交上去了。**
> Suǒyǒu de cáiliào dōu jiāoshàngqù le.

설명 「동사+上去」=「1)아래에서 위로 가다 2)추가하다, 보충하다」
交 제출하다 + 上去 (아래에서 위로) → 交上去 제출하다

동사 뒤에 上去를 사용하면 추상적으로 '아래에서 위로 가다, 추가하다'라는 뜻이 됩니다. 예: 1)反映上去(반영시키다), 2)贴上去(붙이다)

읽으면서 써 보기 (쓰고 √ 표시)   mp3 103

☐ 所有的材料都交上去了。
☐
☐
☐

응용해서 써 보기   mp3 104

① 우표를 다시 붙이세요. (붙이다 = 贴 tiē)
 →

② 당신은 되도록 빨리 모두의 의견을 반영시켜야 해요. (반영하다 = 反映 fǎnyìng)
 →

정답
① 把邮票再贴上去吧。Bǎ yóupiào zài tiēshàngqù ba.
② 你要尽快把大家的意见反映上去。Nǐ yào jǐnkuài bǎ dàjiā de yìjiàn fǎnyìngshàngqù.

DAY 047 ___월 ___일

차가 제 앞에서 섰어요.

汽车在我前面停了下来。

Qìchē zài wǒ qiánmiàn tíng le xiàlái.

설명 「동사+下来」= 「1)정지, 고정되다 2)분리하다 3)현재까지 지속해오다」

停 멈추다 + 下来 (정지, 고정되다) → 停下来 멈추다

동사 뒤에 下来를 사용하면 추상적으로 '정지되다, 분리하다, 지속해오다'라는 뜻이 됩니다. 예: 1)定下来(정하다), 2)脱下来(벗다), 3)坚持下来(견뎌내다)

읽으면서 써 보기 (쓰고 √표시)   🎧 mp3 105

☐ 汽车在我前面停了下来。
☐
☐
☐

응용해서 써 보기   🎧 mp3 106

① 외투를 벗으세요. (벗다 = 脱 tuō)
   →

② 선생님의 격려가 저를 견디게 했어요. (견디다 = 坚持 jiānchí)
   →

정답
① 请你把外衣脱下来吧。Qǐng nǐ bǎ wàiyī tuōxiàlái ba.
② 老师的鼓励让我坚持了下来。Lǎoshī de gǔlì ràng wǒ jiānchí le xiàlái.

DAY 048 ___월 ___일

그는 여기에서 오래 살 계획이에요.

他打算在这儿长久住下去。

Tā dǎsuàn zài zhèr chángjiǔ zhùxiàqù.

설명 「동사/형용사+下去」=「1)앞으로 지속하다 2)악화되다」

住 살다 + 下去 (지속하다) → 住下去 계속 살아가다

동사 뒤에 下去를 사용하면 추상적으로 '지속하다'라는 뜻이 되고 형용사 뒤에 사용하면 '악화되다'는 뜻이 됩니다. 예: 1)做下去(계속 해나가다), 2)瘦下去(야위어 가다)

읽으면서 써 보기 (쓰고 √표시) 🎧 mp3 107

☐ 他打算在这儿长久住下去。
☐
☐
☐

응용해서 써 보기 🎧 mp3 108

① 그를 끊지 말고 계속 말하게 두세요. (끊다 = 打断 dǎduàn)
→

② 이렇게 계속 야위어 가면 안 돼요. (야위다 = 瘦 shòu)
→

정답

① 别打断他，让他说下去。Bié dǎduàn tā, ràng tā shuōxiàqù.
② 你不能这样瘦下去。Nǐ bù néng zhèyàng shòuxiàqù.

DAY 049 ___월 ___일

> 아이들이 그의 표정을 보고 웃기 시작했어요.
>
> # 孩子们看着他的表情笑起来了。
>
> Háizǐmen kàn zhe tā de biǎoqíng xiàoqǐlái le.

설명 「동사+起来」=「1)시작하다 2)집중되다 3)~해 보면(추측, 짐작)」

笑 웃다 + 起来 (시작하다) → 笑起来 웃기 시작하다

동사 뒤에 起来를 사용하면 추상적으로 '시작하다, 집중되다, ~해 보면'이라는 뜻이 됩니다. 예: 1)好起来(좋아지기 시작하다), 2)集中起来(집중하다), 3)做起来(해 보니)

읽으면서 써 보기 (쓰고 √표시) 🎧 mp3 109

☐ 孩子们看着他的表情笑起来了。
☐
☐
☐

응용해서 써 보기 🎧 mp3 110

① 저는 마침내 그의 이름이 생각났어요. (마침내 = 终于 zhōngyú)
→

② 보아하니 그는 아주 성실해요. (성실하다 = 老实 lǎoshí)
→

정답
① 我终于想起来了他的名字。Wǒ zhōngyú xiǎngqǐlái le tā de míngzi.
② 看起来他很老实。Kànqǐlái tā hěn lǎoshí.

DAY 050 ___월 ___일

> 뒤집어서 세탁하세요.
>
> ## 请翻过来洗涤。
>
> Qǐng fānguòlái xǐdí.

설명 「동사+过来」=「1)방향이 바뀌다 2)정상적인 상태가 되다」

翻 뒤집다 + 过来 (방향이 바뀌다) → 翻过来 뒤집다

동사 뒤에 过来를 사용하면 추상적으로 '방향이 바뀌다, 정상적인 상태가 되다'라는 뜻이 됩니다. 예:
1)转过来(돌리다), 2)醒过来(깨다)

읽으면서 써 보기 (쓰고 √표시)   🎧 mp3 111

☐ 请翻过来洗涤。
☐
☐
☐

응용해서 써 보기   🎧 mp3 112

① 제가 여러 번 설명하니 그는 그제야 이해했어요. (이해하다 = 明白 míngbái)

→

② 저는 막 깨서 머리가 몽롱해요. (깨다 = 醒 xǐng, 몽롱하다 = 昏昏沉沉 hūnhūnchénchén)

→

정답

① 我讲了许多遍, 他才明白过来。Wǒ jiǎng le xǔduō biàn, tā cái míngbáiguòlái.
② 我刚醒过来, 脑子昏昏沉沉。Wǒ gāng xǐngguòlái, nǎozi hūnhūnchénchén.

DAY 051 ___월 ___일

> 그녀는 갑자기 기절했어요.
>
> # 她突然晕过去了。
>
> Tā tūrán yūnguòqù le.

설명 「동사+过去」= 「1)방향이 바뀌다 2)정상적인 상태에서 벗어나다」

晕 기절하다 + 过去 (정상적인 상태에서 벗어나다) → 晕过去 기절하다

동사 뒤에 过去를 사용하면 추상적으로 '방향이 바뀌다, 정상적인 상태에서 벗어나다'라는 뜻이 됩니다.
예: 1)扭过去(돌리다), 2)昏过去(기절하다)

읽으면서 써 보기 (쓰고 √표시) mp3 113

☐ 她突然晕过去了。
☐
☐
☐

응용해서 써 보기 mp3 114

① 그녀는 얼굴을 돌렸어요. (돌리다 = 扭 niǔ)

→

② 그는 갑자기 충격을 받고 실신했어요. (충격 = 刺激 cìjī, 기절하다 = 昏 hūn)

→

정답
① 她把脸扭过去了。Tā bǎ liǎn niǔguòqù le.
② 他突然受到刺激, 昏了过去。Tā tūrán shòudào cìjī, hūn le guòqù.

DAY 052 ___월 ___일

> 그의 나이를 짐작하기 어려워요.
>
> # 他的年龄很难猜出来。
>
> Tā de niánlíng hěnnán cāichūlái.

설명 「동사+出来」=「1)실현하다 2)식별하다」

猜 추측하다 + 出来 (실현하다) → 猜出来 추측하다

동사 뒤에 出来를 사용하면 추상적으로 '실현하다, 식별하다'라는 뜻이 됩니다. 예: 1)想出来(생각해 내다), 2)看出来(알아보다)

읽으면서 써 보기 (쓰고 √표시) 🎧 mp3 115

☐ 他的年龄很难猜出来。
☐
☐
☐

응용해서 써 보기 🎧 mp3 116

① 컴퓨터를 이용하면 금방 계산해낼 수 있어요. (계산하다 = 算 suàn)
→

② 저는 그의 성격이 어떤지 알 수 있어요. (성격 = 性格 xìnggé, 어떠하다 = 如何 rúhé)
→

정답
① 用电脑可以一下子算出来。Yòng diànnǎo kěyǐ yíxiàzi suànchūlái.
② 我能看出来他性格如何。Wǒ néng kànchūlái tā xìnggé rúhé.

TEST

※ 배운 문장을 기억하여 중국어로 써 보세요.

01. 보아하니 비가 올 거 같아요.
    →

02. 지금 생각해 보니 너무 아쉬워요.
    →

03. 창문을 닫아 주세요.
    →

04. 그는 드디어 대학에 붙었어요.
    →

05. 몇번 읽고 바로 외웠어요.
    →

06. 그의 시력이 점차 좋아졌어요.
    →

07. 모든 자료를 다 제출했어요.
    →

08. 우표를 다시 붙이세요.
    →

09. 차가 제 앞에서 섰어요.
    →

10. 선생님의 격려가 저를 견디게 했어요.
    →

11. 그는 여기에서 오래 살 계획이에요.
    →

12. 그를 끊지 말고 계속 말하게 두세요.
    →

13. 아이들이 그의 표정을 보고 웃기 시작했어요.
    →

14. 저는 마침내 그의 이름이 생각났어요.
    →

15. 뒤집어서 세탁하세요.
    →

16. 저는 막 깨서 머리가 몽롱해요.
    →

17. 그녀는 갑자기 기절했어요.
    →

18. 그녀는 얼굴을 돌렸어요.
    →

19. 그의 나이를 짐작하기 어려워요.
    →

20. 컴퓨터를 이용하면 금방 계산해낼 수 있어요.
    →

TEST 정답

01. 看来要下雨了。
02. 现在想来,特别遗憾。
03. 请你把窗户关上。
04. 他终于考上大学了。
05. 念了几遍就背上来了。
06. 他的视力逐步提高上来了。
07. 所有的材料都交上去了。
08. 把邮票再贴上去吧。
09. 汽车在我前面停了下来。
10. 老师的鼓励让我坚持了下来。
11. 他打算在这儿长久住下去。
12. 别打断他,让他说下去。
13. 孩子们看着他的表情笑起来了。
14. 我终于想起来了他的名字。
15. 请翻过来洗涤。
16. 我刚醒过来,脑子昏昏沉沉。
17. 她突然晕过去了。
18. 她把脸扭过去了。
19. 他的年龄很难猜出来。
20. 用电脑可以一下子算出来。

CHAPTER 06

동작의 가능성에 대해 말하기
- 가능 보어

Day 053	这东西太重，一个人拿不动。
Day 054	这双鞋子在韩国买不到。
Day 055	这本书太难，我看不懂。
Day 056	他走得太快，我赶不上。
Day 057	这么多菜，我吃不下。
Day 058	他变得认不出来了。
Day 059	我怎么念也背不下来。
Day 060	果酱盖子打不开。
Day 061	我今天去不了，明天去吧。
Day 062	最近工作太忙，顾不得家务。

DAY 053 ___월 ___일

> 이 물건이 너무 무거워서 혼자 들 수 없어요.
>
> # 这东西太重，一个人拿不动。
>
> Zhè dōngxi tài zhòng, yí ge rén nábudòng.

설명 「동사+不+动」=「~해서 움직일 수 없다」

拿( )动 들어 움직이다 + 不 (불가능) → 拿不动 들 수 없다

'할 수 없다/있다'라고 가능성을 말할 때 보어를 사용하기도 합니다. 보어 앞에 不/得를 사용하면 '~할 수 없다/있다'는 가능성을 나타내게 됩니다. 예: 走不动(걸을 수 없다), 搬不动(옮길 수 없다). 긍정형은 拿得动(들 수 있다)입니다.

읽으면서 써 보기 (쓰고 √ 표시)   mp3 117

☐ 这东西太重，一个人拿不动。
☐
☐
☐

응용해서 써 보기   mp3 118

① 저는 힘이 없어서 걸을 수 없어요. (힘 = 力气 lìqi)

→

② 고기가 푹 삶아지지 않아서 씹을 수가 없어요. (푹 삶다 = 煮烂 zhǔlàn, 씹다 = 嚼 jiáo)

→

정답
① 我没力气了，走不动了。Wǒ méi lìqi le, zǒubudòng le.
② 肉没煮烂，嚼不动。Ròu méi zhǔlàn, jiáobudòng.

DAY 054 ___월 ___일

이 신발은 한국에서 살 수 없어요.

这双鞋子在韩国买不到。

Zhè shuāng xiézi zài Hánguó mǎibudào.

설명 「동사+不+到」 = 「~해서 (어떤 결과를) 이룰 수 없다」
　　　买( )到 사다(사는 행위를 달성) + 不 (불가능) → 买不到 살 수 없다
到 앞에 不/得를 사용해서 '이룰 수 없다/있다'는 가능성을 나타내게 됩니다. 예: 做不到(해낼 수 없다), 找不到(찾을 수 없다). 긍정형은 买得到(살 수 있다)입니다.

읽으면서 써 보기　　(쓰고 √ 표시)　　　　🎧 mp3 119

☐ 这双鞋子在韩国买不到。
☐
☐
☐

응용해서 써 보기　　　　　　　　　🎧 mp3 120

① 이 일은 절대 해낼 수 없어요. (절대 = 绝对 juéduì)
→

② 세균은 아주 작아서 육안으로는 보이지 않아요. (세균 = 细菌 xìjūn, 육안 = 肉眼 ròuyǎn)
→

정답
① 这件事绝对做不到。Zhè jiàn shì juéduì zuòbudào.
② 细菌太小, 用肉眼是看不到的。Xìjūn tài xiǎo, yòng ròuyǎn shì kànbudào de.

DAY 055 ___월___일

이 책이 너무 어려워서 저는 이해할 수 없어요.

这本书太难，我看不懂。

Zhè běn shū tài nán, wǒ kànbudǒng.

설명 「동사+不+懂」=「~해서 이해할 수 없다」

看( )懂 보고 이해하다 + 不 (불가능) → 看不懂 보고 이해할 수 없다

懂 앞에 不/得를 사용해서 '이해할 수 없다/있다'는 가능성을 나타내게 됩니다. 예: 听不懂(알아들을 수 없다), 搞不懂(이해할 수 없다). 긍정형은 看得懂(보고 이해할 수 있다)입니다.

읽으면서 써 보기 (쓰고 √ 표시)   mp3 121

☐ 这本书太难，我看不懂。
☐
☐
☐

응용해서 써 보기   mp3 122

① 저는 그가 뭐라고 하는지 알아들을 수 없어요. (듣다 = 听 tīng)
→

② 저는 그녀의 속내를 알 수가 없어요. (하다, 다루다 = 搞 gǎo, 생각 = 心思 xīnsi)
→

정답
① 我听不懂他在说什么。Wǒ tīngbudǒng tā zài shuō shénme.
② 我搞不懂她的心思。Wǒ gǎobudǒng tā de xīnsi.

DAY 056 ___월 ___일

> 그는 너무 빨리 걸어서 제가 따라잡을 수 없어요.
>
> # 他走得太快，我赶不上。
>
> Tā zǒu de tài kuài, wǒ gǎnbushàng.

설명 「동사+ 不 + 上」 = 「~을 실현할 수 없다」

赶( )上 따라잡다(뒤쫓아서 닿는 행위) + 不 (불가능) → 赶不上 따라잡을 수 없다

上 앞에 不/得를 사용해서 '실현할 수 없다/있다'는 가능성을 나타내게 됩니다. 예: 考不上(시험에 못 붙다), 比不上(비할 수 없다). 긍정형은 赶得上(따라잡을 수 있다)입니다.

읽으면서 써 보기 (쓰고 √표시)   🎧 mp3 123

☐ 他走得太快，我赶不上。
☐
☐
☐

응용해서 써 보기   🎧 mp3 124

① 대학에 붙지 못할까 봐 너무 걱정돼요. (시험보다 = 考 kǎo)
→

② 물건이 너무 많아서 냉장고 문이 안 닫혀요. (닫다 = 关 guān, 냉장고 = 冰箱 bīngxiāng)
→

정답

① 我很担心考不上大学。Wǒ hěn dānxīn kǎobushàng dàxué.
② 东西太多，冰箱门关不上。Dōngxi tài duō, bīngxiāngmén guānbushàng.

DAY 057 ___월___일

이렇게 많은 음식을 저는 먹을 수 없어요.

这么多菜，我吃不下。

Zhème duō cài, wǒ chībuxià.

설명 「동사+不+下」=「~을 내릴 수 없다」

吃( )下 먹다(음식물을 소화시켜 내리는 행위) + 不 (불가능) → 吃不下 더 이상 먹을 수 없다
下 앞에 不/得를 사용해서 '내릴 수 없다/있다'는 가능성을 나타내게 됩니다. 예: 装不下(다 실을 수 없다), 放不下(놓을 수 없다). 긍정형은 吃得下(먹을 수 있다)입니다.

읽으면서 써 보기 (쓰고 √ 표시)　　　　　　　　　🎧 mp3 125

☐ 这么多菜，我吃不下。
☐
☐
☐

응용해서 써 보기　　　　　　　　　🎧 mp3 126

① 회의실에 이렇게 많은 사람이 들어갈 수 없어요. (담다, 싣다 = 装 zhuāng)
　→

② 그는 시종일관 마음을 놓지 못해요. (마음을 놓다 = 放心 fàngxīn)
　→

> **정답**
> ① 会议室装不下这么多人。Huìyìshì zhuāngbuxià zhème duō rén.
> ② 他始终放不下心。Tā shǐzhōng fàngbuxià xīn.

DAY 058 ___월 ___일

> 그는 몰라보게 변했어요.
> **他变得认不出来了。**
> Tā biànde rènbuchūlái le.

설명 「동사+不+出来」=「~을 해낼 수 없다」
认( )出来 알아보다 + 不 (불가능) → 认不出来 알아볼 수 없다

出来 앞에 不/得를 사용해서 '해낼 수 없다/있다'는 가능성을 나타내게 됩니다. 예: 想不出来(생각이 안 나다), 说不出来(말을 할 수 없다). 긍정형은 认得出来(알아볼 수 있다)입니다.

읽으면서 써 보기 (쓰고 √ 표시) mp3 127

☐ 他变得认不出来了。
☐
☐
☐

응용해서 써 보기 mp3 128

① 저는 아직도 답이 생각나지 않아요. (답 = 答案 dá'àn)
→

② 그는 말솜씨가 없어서 할 말을 하지 못 해요. (말솜씨가 없다 = 嘴笨 zuǐbèn)
→

정답
① 我还是想不出来答案。Wǒ háishì xiǎngbuchūlái dá'àn.
② 他嘴笨, 有话说不出来。Tā zuǐbèn, yǒuhuà shuōbuchūlái.

DAY 059 ___월 ___일

> 저는 어떻게 공부해도 외워지지가 않아요.
>
> # 我怎么念也背不下来。
>
> Wǒ zěnme niàn yě bèibuxiàlái.

설명 「동사+不+下来」=「~이 실현되지 않다」

背( )下来 외우다 + 不 (불가능) → 背不下来 외워지지 않다

下来 앞에 不/得를 사용해서 '실현되지 않다/실현되다'라는 가능성을 나타내게 됩니다. 예: 定不下来(정해지지 않다), 停不下来(멈추지 못하다). 긍정형은 背得下来(외워지다)입니다.

읽으면서 써 보기 (쓰고 √ 표시)   🎧 mp3 129

☐ 我怎么念也背不下来。
☐
☐
☐

응용해서 써 보기   🎧 mp3 130

① 마음을 정하지 못하겠어요. (정하다 = 定 dìng)
→

② 보아하니 비가 한동안 멈추지 않을 거 같아요. (멈추다 = 停 tíng, 한동안 = 一时 yìshí)
→

정답
① 我心定不下来。Wǒ xīn dìngbuxiàlái.
② 看样子, 雨一时停不下来。Kàn yàngzi, yǔ yìshí tíngbuxiàlái.

DAY 060 ___월 ___일

잼 뚜껑이 안 열려요.
果酱盖子打不开。
Guǒjiàng gàizi dǎbukāi.

설명 「동사+不+开」=「~해서 분리될 수 없다」

打( )开 열다(열어서 펼치다) + 不 (불가능) → 打不开 열 수 없다, 안 열리다

开 앞에 不/得를 사용해서 '분리될 수 없다/있다'는 가능성을 나타내게 됩니다. 예: 离不开(떨어질 수 없다), 拉不开(당길 수 없다). 긍정형은 打得开(열 수 있다)입니다.

읽으면서 써 보기 (쓰고 √표시) 🎧 mp3 131

☐ 果酱盖子打不开。
☐
☐
☐

응용해서 써 보기 🎧 mp3 132

① 생활에서 커피를 떼놓을 수 없어요. (분리하다, 떠나다 = 离 lí)
→

② 이 서랍이 끼어서 당겨지지 않아요. (서랍 = 抽屉 chōuti, 당기다 = 拉 lā)
→

정답
① 生活离不开咖啡。Shēnghuó líbukāi kāfēi.
② 这个抽屉卡住了，拉不开。Zhè ge chōuti qiǎzhù le, lābukāi.

DAY 061 ___월 ___일

> 저는 오늘 갈 수 없어요, 내일 갈게요.
>
> # 我今天去不了, 明天去吧。
>
> Wǒ jīntiān qùbuliǎo, míngtiān qù ba.

설명 「동사+不了 liǎo」=「~을 할 수 없다」

去 가다 + 不了 (불가능) → 去不了 갈 수 없다

동사 뒤에 不了/得了를 사용하면 '할 수 없다/있다'는 가능성을 나타내게 됩니다. 예: 受不了(참을 수 없다), 忘不了(잊을 수 없다). 긍정형은 去得了(갈 수 있다)입니다.

읽으면서 써 보기 (쓰고 √ 표시) mp3 133

☐ 我今天去不了, 明天去吧。
☐
☐
☐

응용해서 써 보기 mp3 134

① 저는 그의 그런 농담을 참을 수 없어요. (참다 = 受 shòu, 농담 = 玩笑 wánxiào)
→

② 부모도 그를 통제할 수 없어요. (통제하다, 지도하다 = 管 guǎn)
→

정답
① 我受不了他那些玩笑。Wǒ shòubuliǎo tā nàxiē wánxiào.
② 父母也管不了他。Fùmǔ yě guǎnbuliǎo tā.

DAY 062 ___월 ___일

> 요즘 일이 너무 바빠서 집안일을 돌볼 틈이 없어요.
>
> # 最近工作太忙，顾不得家务。
>
> Zuìjìn gōngzuò tài máng, gùbudé jiāwù.

설명 「동사+不得」=「~을 할 수 없다, ~해서는 안 된다」

顾 돌보다 + 不得 (불가능) → 顾不得 돌볼 수가 없다

동사 뒤에 不得/得를 사용해서 '할 수 없다/있다, 해서는 안 된다/된다'는 가능성을 나타낼 수 있습니다.
예: 记不得(기억할 수 없다), 吃不得(먹으면 안 된다). 긍정형은 顾得(돌볼 수 있다)입니다.

읽으면서 써 보기 (쓰고 √표시)   🎧 mp3 135

☐ 最近工作太忙，顾不得家务。
☐
☐
☐

응용해서 써 보기   🎧 mp3 136

① 그녀는 매운 음식을 못 먹어요(먹으면 안 돼요). (매운 음식 = 辣的食物 là de shíwù)
   →

② 그는 자기 핸드폰 번호를 기억 못 해요. (기억하다 = 记 jì)
   →

정답
① 她吃不得辣的食物。Tā chībudé là de shíwù.
② 他记不得自己的手机号。Tā jìbudé zìjǐ de shǒujīhào.

TEST

※ 배운 문장을 기억하여 중국어로 써 보세요.

01. 이 물건이 너무 무거워서 혼자 들 수 없어요.
    →

02. 저는 힘이 없어서 걸을 수 없어요.
    →

03. 이 신발은 한국에서 살 수 없어요.
    →

04. 이 일은 절대 해낼 수 없어요.
    →

05. 이 책이 너무 어려워서 저는 이해할 수 없어요.
    →

06. 저는 그가 뭐라고 하는지 알아들을 수 없어요.
    →

07. 그는 너무 빨리 걸어서 제가 따라잡을 수 없어요.
    →

08. 대학에 붙지 못할까 봐 너무 걱정돼요.
    →

09. 이렇게 많은 음식을 저는 먹을 수 없어요.
    →

10. 그는 시종일관 마음을 놓지 못해요.
    →

11. 그는 몰라보게 변했어요.
   →

12. 저는 아직도 답이 생각나지 않아요.
   →

13. 저는 어떻게 공부해도 외워지지가 않아요.
   →

14. 마음을 정하지 못하겠어요.
   →

15. 잼 뚜껑이 안 열려요.
   →

16. 생활에서 커피를 떼놓을 수 없어요.
   →

17. 저는 오늘 갈 수 없어요, 내일 갈게요.
   →

18. 부모도 그를 통제할 수 없어요.
   →

19. 요즘 일이 너무 바빠서 집안일을 돌볼 틈이 없어요.
   → .

20. 그녀는 매운 음식을 못 먹어요.
   →

TEST 정답

01. 这东西太重，一个人拿不动。
02. 我没力气了，走不动了。
03. 这双鞋子在韩国买不到。
04. 这件事绝对做不到。
05. 这本书太难，我看不懂。
06. 我听不懂他在说什么。
07. 他走得太快，我赶不上。
08. 我很担心考不上大学。
09. 这么多菜，我吃不下。
10. 他始终放不下心。
11. 他变得认不出来了。
12. 我还是想不出来答案。
13. 我怎么念也背不下来。
14. 我心定不下来。
15. 果酱盖子打不开。
16. 生活离不开咖啡。
17. 我今天去不了，明天去吧。
18. 父母也管不了他。
19. 最近工作太忙，顾不得家务。
20. 她吃不得辣的食物。

CHAPTER 07

두 개의 문장을 이어서 말하기 I
- 접속사(병렬, 계승, 선택, 점진 관계)

Day 063	苹果又红又大。
Day 064	不但质量好, 而且价钱也便宜。
Day 065	他一边吃饭, 一边看电视。
Day 066	我们首先喝点儿茶, 然后走吧。
Day 067	我一出门, 就下起雨来了。
Day 068	他不是中国人, 而是韩国人。
Day 069	宁可多花钱, 也要买称心的东西。
Day 070	与其你去, 还不如我去。

DAY 063 ___월 ___일

사과가 빨갛고 커요.

苹果又红又大。

Píngguǒ yòu hóng yòu dà.

설명 「又+형용사/동사+又+형용사/동사」=「~하기도 하고 …하기도 하다」

苹果红 사과가 빨갛다 + 苹果大 사과가 크다

苹果又红又大。 사과가 빨갛고 커요.

두 문장을 한 문장으로 합쳐서 어떤 것에 두 가지 성질이나 특징이 있다고 말할 때 「又+형용사/동사+又+형용사/동사」를 사용합니다.

읽으면서 써 보기 (쓰고 √표시) mp3 137

☐ 苹果又红又大。
☐
☐
☐

응용해서 써 보기 mp3 138

① 그녀는 친절하고 따뜻해요. (친절하다 = 亲切 qīnqiè, 온유하다 = 温柔 wēnróu)
→

② 그는 스키를 탈 줄 알고 수영도 할 줄 알아요. (스키를 타다 = 滑雪 huáxuě)
→

정답

① 她又亲切又温柔。Tā yòu qīnqiè yòu wēnróu.
② 他又会滑雪，又会游泳。Tā yòu huì huáxuě, yòu huì yóuyǒng.

DAY 064 ___월 ___일

> 품질이 좋을 뿐만 아니라 가격도 싸요.
>
> **不但**质量好，**而且**价钱也便宜。
>
> Búdàn zhìliàng hǎo, érqiě jiàqián yě piányi.

설명 「不但~而且~」=「~할 뿐만 아니라 또한 …하다」

质量好 품질이 좋다 + 价钱便宜 가격이 싸다

不但质量好，而且价钱也便宜。 품질이 좋을 뿐만 아니라 가격도 싸요.

어떤 특징이 이미 있는데 다른 특징이 더 있다고 말할 때 「不但~而且~」 형식을 사용합니다.

읽으면서 써 보기 (쓰고 √ 표시)　　　　　　　　　　　mp3 139

☐ 不但质量好，而且价钱也便宜。
☐
☐
☐

응용해서 써 보기　　　　　　　　　　　　　　　　mp3 140

① 그날은 바람이 셌을 뿐만 아니라 비도 많이 왔어요. (바람이 세다 = 风大 fēng dà)

→

② 그는 발음이 좋을 뿐만 아니라 표현력도 아주 강해요. (표현력 = 表达能力 biǎodánénglì)

→

정답

① 那天不但风很大，而且雨也很大。Nàtiān búdàn fēng hěn dà, érqiě yǔ yě hěn dà.
② 他不但发音好，而且表达能力也很强。Tā búdàn fāyīn hǎo, érqiě biǎodánénglì yě hěn qiáng.

DAY 065 ___월 ___일

그는 밥을 먹으면서 TV를 봐요.

他一边吃饭，一边看电视。

Tā yìbiān chīfàn, yìbiān kàn diànshì.

설명 「一边+동사+一边+동사」=「~하면서 …하다」

他吃饭 그는 밥을 먹는다 + (동시에) + 他看电视 그는 TV를 본다
他一边吃饭，一边看电视。그는 밥을 먹으면서 TV를 봐요.

두 가지 동작을 동시에 한다고 말할 때 「一边+동사+一边+동사」 형식을 사용합니다.

읽으면서 써 보기 (쓰고 √ 표시)　　　　　　　　　　🎧 mp3 141

☐ 他一边吃饭，一边看电视。
☐
☐
☐

응용해서 써 보기　　　　　　　　　　🎧 mp3 142

① 그들 둘은 산책하면서 이야기해요. (이야기하다 = 聊天 liáotiān)
→

② 그는 걸으면서 노래를 불러요. (노래하다 = 唱歌 chànggē)
→

정답

① 他们两个人一边散步，一边聊天。Tāmen liǎng ge rén yìbiān sànbù, yìbiān liáotiān.
② 他一边走路一边唱歌。Tā yìbiān zǒulù yìbiān chànggē.

DAY 066 ___월 ___일

우리 먼저 차를 마신 후에 갑시다.

我们首先喝点儿茶，然后走吧。

Wǒmen shǒuxiān hē diǎnr chá, ránhòu zǒu ba.

설명 「首先~，然后…」=「먼저 ~한 후에, …하다」
我们喝茶 우리는 차를 마신다 + (시간 순서로) + 我们走 우리는 간다
我们首先喝点儿茶，然后走吧。 우리 먼저 차를 마신 후에 갑시다.
어떤 일을 먼저하고 다른 일을 나중에 한다고 말할 때 「首先~，然后~」 형식을 사용합니다.

읽으면서 써 보기 (쓰고 √ 표시) mp3 143

☐ 我们首先喝点儿茶，然后走吧。
☐
☐
☐

응용해서 써 보기 mp3 144

① 먼저 숙제를 하고 나서 다시 나가서 놀아라. (놀다 = 玩儿 wánr)
→

② 저는 먼저 북경에 갔다가 상해에 갈 거예요. (~할 계획이다 = 打算 dǎsuàn)
→

정답

① 你先做作业，然后再出去玩儿吧。Nǐ xiān zuò zuòyè, ránhòu zài chūqù wánr ba.
② 我打算首先去北京，然后再去上海。Wǒ dǎsuàn shǒuxiān qù Běijīng, ránhòu zài qù Shànghǎi.

DAY 067 ___월 ___일

제가 나가자마자 비가 오기 시작했어요.

我一出门, 就下起雨来了。
Wǒ yì chūmén, jiù xià qǐ yǔ lái le.

설명 「一~就…」= 「~하자마자 곧 …하다」
我出门 내가 나가다 + (곧바로) + 下起雨来了 비가 오기 시작하다
我一出门, 就下起雨来了。 제가 나가자마자 비가 오기 시작했어요.
어떤 일이 일어나고 다른 일이 곧바로 일어난다고 말할 때「一~就~」형식을 사용합니다.

읽으면서 써 보기 (쓰고 √표시)   mp3 145

☐ 我一出门, 就下起雨来了。
☐
☐
☐

응용해서 써 보기   mp3 146

① 그는 너무 피곤해서 눕자마자 잠들었어요. (잠이 들다 = 睡着 shuìzháo)
→

② 저는 시험을 떠올리면 머리가 아파요. (머리가 아프다 = 头疼 tóuténg)
→

정답

① 他太累了, 一躺下就睡着了。Tā tài lèi le, yì tǎngxià jiù shuìzháo le.
② 我一想起考试就头疼。Wǒ yì xiǎngqǐ kǎoshì jiù tóuténg.

DAY 068 ___월 ___일

> 그는 중국인이 아니라 한국인이에요.
>
> 他不是中国人, 而是韩国人。
>
> Tā búshì Zhōngguórén, érshì Hánguórén.

설명 「不是~, 而是…」=「~가 아니라 …이다」

他不是中国人 그는 중국인이 아니다 + 他是韩国人 그는 한국인이다
他不是中国人, 而是韩国人。 그는 중국인이 아니라 한국인이에요.

'어떤 것이 아니라 다른 어떤 것이다'고 할 때 「不是A, 而是B(A가 아니라 B이다)」 형식을 사용합니다.

읽으면서 써 보기 (쓰고 √표시) 🎧 mp3 147

☐ 他不是中国人, 而是韩国人。
☐
☐
☐

응용해서 써 보기 🎧 mp3 148

① 그는 학생이 아니라 선생님이에요. (선생님 = 老师 lǎoshī)
→

② 이건 제가 산 게 아니라 친구가 준 거예요. (선물하다 = 送 sòng)
→

정답

① 他不是学生, 而是老师。Tā búshì xuéshēng, érshì lǎoshī.
② 这不是我买的, 而是我朋友送的。Zhè búshì wǒ mǎi de, érshì wǒ péngyǒu sòng de.

DAY 069 ___월 ___일

돈을 많이 쓰더라도 마음에 드는 물건을 살 거예요.

宁可多花钱，**也**要买称心的东西。

Nìngkě duō huāqián, yě yào mǎi chènxīn de dōngxi.

설명 「宁可~, 也…」=「~하더라도 …하다」
多花钱 돈을 많이 쓰다 + 买称心的东西 마음에 드는 물건을 사다
宁可多花钱, 也要买称心的东西。 돈을 많이 쓰더라도 마음에 드는 물건을 살 거예요.
어떤 대가를 치루더라도 기꺼이 어떤 일을 한다고 말할 때 「宁可~, 也~」 형식을 사용합니다.

읽으면서 써 보기 (쓰고 √ 표시)　　　　　　　　　　　mp3 149

☐ 宁可多花钱，也要买称心的东西。
☐
☐
☐

응용해서 써 보기　　　　　　　　　　　　　　　　mp3 150

① 차라리 잠을 못 자더라도 숙제를 다 할 거예요. (숙제를 하다 = 写作业 xiě zuòyè)
→

② 그는 자신이 손해 좀 볼지언정 남에게 손해를 끼치지 않아요. (손해 보다 = 吃亏 chīkuī)
→

정답
① 我宁可不睡觉，也要写完作业。Wǒ nìngkě bú shuìjiào, yě yào xiě wán zuòyè.
② 他宁可自己吃亏点，也不损害他人。Tā nìngkě zìjǐ chīkuī diǎn, yě bù sǔnhài tārén.

DAY 070 ___월 ___일

> 당신이 가는 것**보다** 제가 가는 게 **더 나아요**.
>
> # 与其你去, 还不如我去。
>
> Yǔqí nǐ qù, hái bùrú wǒ qù.

설명 「与其~, 不如…」=「~보다 차라리 …가 낫다」

你去 네가 가다 (안 좋은 쪽) + 我去 내가 가다 (좋은 쪽)

与其你去, 还不如我去。 당신이 가는 것보다 제가 가는 게 더 나아요.

두 가지를 비교해서 어느 한쪽이 더 낫다고 말할 때 「与其~, 不如~」 형식을 사용합니다.

읽으면서 써 보기 (쓰고 √표시)   🎧 mp3 151

☐ 与其你去, 还不如我去。
☐
☐
☐

응용해서 써 보기   🎧 mp3 152

① 할부로 하는 것보다 현금으로 사는 게 나아요. (할부로 하다 = 分期付款 fēnqī fùkuǎn)
→

② 중도에 포기하느니 아예 시작을 안 하는 게 나아요. (중도에 포기하다 = 半途而废 bàntú'érfèi)
→

> **정답**
> ① 与其分期付款, 不如用现钱买。Yǔqí fēnqī fùkuǎn, bùrú yòng xiànqián mǎi.
> ② 与其半途而废, 不如干脆不开始。Yǔqí bàntú'érfèi, bùrú gàncuì bù kāishǐ.

TEST

※ 배운 문장을 기억하여 중국어로 써 보세요.

01. 사과가 빨갛고 커요.
    →

02. 그녀는 친절하고 따뜻해요.
    →

03. 그는 스키를 탈 줄 알고 수영도 할 줄 알아요.
    →

04. 품질이 좋을 뿐만 아니라 가격도 싸요.
    →

05. 그날은 바람이 셌을 뿐만 아니라 비도 많이 왔어요.
    →

06. 그는 밥을 먹으면서 TV를 봐요.
    →

07. 그들 둘은 산책하면서 이야기해요.
    →

08. 그는 걸으면서 노래를 불러요.
    →

09. 우리 먼저 차를 마신 후에 갑시다.
    →

10. 먼저 숙제를 하고 나서 다시 나가서 놀아라.
    →

11. 제가 나가자마자 비가 오기 시작했어요.
    →

12. 그는 너무 피곤해서 눕자마자 잠들었어요.
    →

13. 저는 시험을 떠올리면 머리가 아파요.
    →

14. 그는 중국인이 아니라 한국인이에요.
    →

15. 그는 학생이 아니라 선생님이에요.
    →

16. 돈을 많이 쓰더라도 마음에 드는 물건을 살 거예요.
    →

17. 차라리 잠을 못 자더라도 숙제를 다 할 거예요.
    →

18. 당신이 가는 것보다 제가 가는 게 더 나아요.
    →

19. 할부로 하는 것보다 현금으로 사는 게 나아요.
    →

20. 중도에 포기하느니 아예 시작을 안 하는 게 나아요.
    →

TEST 정답

01. 苹果又红又大。
02. 她又亲切又温柔。
03. 他又会滑雪,又会游泳。
04. 不但质量好,而且价钱也便宜。
05. 那天不但风很大,而且雨也很大。
06. 他一边吃饭,一边看电视。
07. 他们两个人一边散步,一边聊天。
08. 他一边走路一边唱歌。
09. 我们首先喝点儿茶,然后走吧。
10. 你先做作业,然后再出去玩儿吧。
11. 我一出门,就下起雨来了。
12. 他太累了,一躺下就睡着了。
13. 我一想起考试就头疼。
14. 他不是中国人,而是韩国人。
15. 他不是学生,而是老师。
16. 宁可多花钱,也要买称心的东西。
17. 我宁可不睡觉,也要写完作业。
18. 与其你去,还不如我去。
19. 与其分期付款,不如用现钱买。
20. 与其半途而废,不如干脆不开始。

CHAPTER 08

두 개의 문장을 이어서 말하기 II
- 접속사(역접, 조건, 가정, 원인과 결과)

Day 071	如果有什么事，就找我吧。
Day 072	因为下雨，所以我买了一把伞。
Day 073	你既然不知道，就不应该乱说。
Day 074	除非过两年，他才能回来。
Day 075	他虽然年纪小，但是很懂事。
Day 076	只要你有信心，就一定能成功。
Day 077	只有多接触，才能了解一个人。
Day 078	穿厚一点，省得感冒。
Day 079	哪怕价钱贵一点儿，我也要买。
Day 080	不管做什么事，他都很认真。

DAY 071 ___월 ___일

만일 무슨 일이 있으면 저를 찾으세요.

如果有什么事，就找我吧。

Rúguǒ yǒu shénme shì, jiù zhǎo wǒ ba.

설명 「如果~，那么/就…」=「만일 ~한다면, …하다」

有什么事 무슨 일이 있다 (가정) + 找我吧 저를 찾으세요

如果有什么事，就找我吧。만일 무슨 일이 있으면 저를 찾으세요.

'만일 ~한다면, ~하다'라고 어떤 상황을 가정해서 말할 때 「如果~，那么/就~」 형식을 사용합니다.

읽으면서 써 보기 (쓰고 √ 표시) 🎧 mp3 153

☐ 如果有什么事，就找我吧。
☐
☐
☐

응용해서 써 보기 🎧 mp3 154

① 내일 비가 안 오면 우리 만리장성에 갑시다. (만리장성 = 长城 Chángchéng)
→

② 만일 못 믿겠으면 직접 가서 보세요. (믿다 = 相信 xiāngxìn, 직접 = 亲自 qīnzì)
→

정답

① 如果明天不下雨，我们就去长城吧。Rúguǒ míngtiān bú xiàyǔ, wǒmen jiù qù Chángchéng ba.
② 如果你不能相信，那你就亲自去看看吧。Rúguǒ nǐ bùnéng xiāngxìn, nà nǐ jiù qīnzì qù kànkàn ba.

DAY 072 ___월 ___일

비가 와서 우산을 샀어요.

因为下雨，**所以**我买了一把伞。

Yīnwèi xiàyǔ, suǒyǐ wǒ mǎi le yì bǎ sǎn.

설명 「因为~, 所以…」=「~하기 때문에, 그래서…」
下雨 비가 오다 (원인) + 我买了一把伞 나는 우산 하나를 샀다 (결과)
因为下雨, 所以我买了一把伞。 비가 와서 우산을 샀어요.
'~하기 때문에, 그래서~'라고 원인과 결과를 말할 때 「因为~, 所以~」 형식을 사용합니다.

읽으면서 써 보기 (쓰고 √ 표시)　　　　　　　　　🎧 mp3 155

☐ 因为下雨，所以我买了一把伞。
☐
☐
☐

응용해서 써 보기　　　　　　　　　　　　　　🎧 mp3 156

① 에어컨이 고장나서 제가 창문을 열었어요. (창문 = 窗户 chuānghù)
→

② 어젯밤에 늦게 자서 오늘 늦잠을 잤어요. (늦잠을 자다 = 睡懒觉 shuì lǎnjiào)
→

정답

① 因为空调坏了，所以我打开了窗户。Yīnwèi kōngtiáo huài le, suǒyǐ wǒ dǎkāi le chuānghù.
② 因为昨晚睡得很晚，所以今天睡了懒觉。Yīnwèi zuówǎn shuì de hěnwǎn, suǒyǐ jīntiān shuì le lǎnjiào.

DAY 073 ___월 ___일

당신은 알지 못하면서 함부로 말하면 안 돼요.

你既然不知道，就不应该乱说。

Nǐ jìrán bù zhīdào, jiù bù yīnggāi luànshuō.

설명　「既然~，就…」=「기왕 ~한 이상, …하다」

你不知道 네가 모르다 (기정사실) + 你不应该乱说 너는 함부로 말하면 안 된다

你既然不知道，就不应该乱说。당신은 알지 못하면서 함부로 말하면 안 돼요.

'기왕 ~한 이상'이라고 이미 기정사실이 이러하니 어떻게 하라고 말할 때 「既然~，就~」 형식을 사용합니다.

읽으면서 써 보기　(쓰고 √ 표시)　　　　　　　　　　　🎧 mp3 157

☐ 你既然不知道，就不应该乱说。
☐
☐
☐

응용해서 써 보기　　　　　　　　　　　　　　　　🎧 mp3 158

① 기왕 왔으니 차 한 잔 마시고 가세요. (차를 마시다 = 喝茶 hē chá)

→

② 그가 잘못을 인정했으니 다시 그를 나무라지 마세요. (잘못을 인정하다 = 认错 rèncuò)

→

정답
① 你既然来了，就喝杯茶再走吧。Nǐ jìrán lái le, jiù hē bēi chá zài zǒu ba.
② 既然他已认错了，你就别再责备他。Jìrán tā yǐ rèncuò le, nǐ jiù bié zài zébèi tā.

DAY 074 ___월 ___일

> 2년이 지나야만 그는 돌아올 수 있어요.
>
> # 除非过两年，他才能回来。
>
> Chúfēi guò liǎng nián, tā cái néng huílái.

설명 「除非~, 才…」=「~해야만 …하다」
过两年 2년이 지나다 (유일한 조건) + 他能回来 그는 돌아올 수 있다 (결과)
除非过两年, 他才能回来。2년이 지나야만 그는 돌아올 수 있어요.
'~해야만 ~하다'라고 유일한 조건이 있어야 어떤 결과가 있다고 말할 때 「除非~, 才~」 형식을 사용합니다.

읽으면서 써 보기 (쓰고 √표시)   🎧 mp3 159

☐ 除非过两年，他才能回来。
☐
☐
☐

응용해서 써 보기   🎧 mp3 160

① 병이 나야만 그는 휴가를 내요. (휴가를 신청하다 = 请假 qǐngjià)
→

② 이 조건을 받아주셔야만 계약서에 서명할 겁니다. (받아주다 = 接受 jiēshòu, 서명하다 = 签 qiān)
→

정답
① 除非得病，他才请假。Chúfēi dé bìng, tā cái qǐngjià.
② 除非接受这条件，我才会签合同。Chúfēi jiēshòu zhè tiáojiàn, wǒ cái huì qiān hétóng.

DAY 075 ___월___일

그는 비록 나이가 어리지만 철이 들었어요.

他虽然年纪小，但是很懂事。

Tā suīrán niánjì xiǎo, dànshì hěn dǒngshì.

설명 「虽然~，但是…」=「비록 ~하지만, …하다」

他年纪小 그는 나이가 어리다 + 他很懂事 그는 철이 들었다 (모순된 사실)

他虽然年纪小，但是很懂事。그는 비록 나이가 어리지만 철이 들었어요.

'비록 ~하지만, ~하다'라고 앞의 상황과 모순된 사실을 표현할 때「虽然~，但是~」형식을 사용합니다.

읽으면서 써 보기 (쓰고 √표시)   mp3 161

☐ 他虽然年纪小，但是很懂事。
☐
☐
☐

응용해서 써 보기   mp3 162

① 사과가 작지만 엄청 달아요. (달다 = 甜 tián)

→

② 저는 너무 가고 싶지만 시간이 없어요. (시간 = 时间 shíjiān)

→

정답

① 苹果虽然小，但特别甜。Píngguǒ suīrán xiǎo, dàn tèbié tián.
② 我虽然很想去，但没有时间。Wǒ suīrán hěn xiǎng qù, dàn méiyǒu shíjiān.

DAY 076 ___월 ___일

믿음이 있으면 반드시 성공할 수 있어요.

只要你有信心，就一定能成功。
Zhǐyào nǐ yǒu xìnxīn, jiù yídìng néng chénggōng.

설명 「只要~，就…」=「~하기만 하면, …하다」
你有信心 믿음이 있다 (조건) + 你一定能成功 반드시 성공할 수 있다 (결과)
只要你有信心，就一定能成功。 믿음이 있으면 반드시 성공할 수 있어요.
'~하기만 하면, ~하다'라고 어떤 조건만 있으면 결과가 따른다고 말할 때「只要~，就~」형식을 사용합니다.

읽으면서 써 보기 (쓰고 √표시) mp3 163

☐ 只要你有信心，就一定能成功。
☐
☐
☐

응용해서 써 보기 mp3 164

① 조금만 노력하면 반드시 잘 배울 수 있어요. (습득하다 = 学会 xuéhuì)
→

② 학생이면 무료로 참가할 수 있습니다. (무료로 하다 = 免费 miǎnfèi)
→

정답
① 只要下点功夫，你就一定能学会。Zhǐyào xià diǎn gōngfu, nǐ jiù yídìng néng xuéhuì.
② 只要是学生，就可以免费参加。Zhǐyào shì xuésheng, jiù kěyǐ miǎnfèi cānjiā.

DAY 077 ___월 ___일

> 자주 만나**야만** 한 사람을 이해할 수 있어요.
>
> # 只有多接触，才能了解一个人。
>
> Zhǐyǒu duō jiēchù, cái néng liǎojiě yí ge rén.

설명 「只有~，才…」=「~해야만, …하다」

多接触 많이 만나다 (유일한 조건) + 能了解一个人 한 사람을 이해할 수 있다 (결과)
只有多接触，才能了解一个人。자주 만나야만 한 사람을 이해할 수 있어요.
'~해야만, ~하다'라고 어떤 유일한 조건이 있어야만 결과가 따른다고 말할 때 「只有~，才~」 형식을 사용합니다. 只有가 除非보다 어감이 다소 가볍습니다.

읽으면서 써 보기 (쓰고 √ 표시)   🎧 mp3 165

☐ 只有多接触，才能了解一个人。
☐
☐
☐

응용해서 써 보기   🎧 mp3 166

① 직접 사용해 봐야 좋은지 안 좋은지 알 수 있어요. (사용하다 = 用 yòng)
→

② 책을 많이 봐야 좋은 아이디어를 낼 수 있어요. (아이디어 = 主意 zhǔyi)
→

정답

① 只有你自己用一用，才能知道好不好。Zhǐyǒu nǐ zìjǐ yòng yi yòng, cái néng zhīdào hǎobuhǎo.
② 只有多看书，才能想出好主意来。Zhǐyǒu duō kàn shū, cái néng xiǎngchū hǎozhǔyi lái.

DAY 078 ___월 ___일

> 감기 걸리지 않도록 옷을 두껍게 입으세요.
>
> # 穿厚一点，省得感冒。
>
> Chuān hòu yìdiǎn, shěngde gǎnmào.

설명 「省得~」=「~하지 않도록」

穿厚一点 옷을 두껍게 입으세요 + 感冒 감기 걸리다 (피하고 싶은 일)

穿厚一点，省得感冒。감기 걸리지 않도록 옷을 두껍게 입으세요.

'~하지 않도록'이라고 어떤 상황을 면하기 위해 무엇을 하라고 말할 때 「省得~」 형식을 사용합니다.

읽으면서 써 보기 (쓰고 √표시) mp3 167

☐ 穿厚一点，省得感冒。
☐
☐
☐

응용해서 써 보기 mp3 168

① 그가 또 잊지 않도록 좀 일러주는 게 좋겠어요. (일깨우다 = 提醒 tíxǐng)

→

② 배탈 나지 않게 너무 많이 먹지 마세요. (배탈 나다 = 闹肚子 nào dùzi)

→

정답

① 你最好提醒他一下，省得他又忘了。Nǐ zuìhǎo tíxǐng tā yíxià, shěngde tā yòu wàng le.
② 你不要吃得太多，省得闹肚子。Nǐ búyào chī de tài duō, shěngde nào dùzi.

DAY 079 ___월 ___일

가격이 좀 비싸더라도 저는 살 거예요.

哪怕价钱贵一点儿，我也要买。

Nǎpà jiàqián guì yìdiǎnr, wǒ yě yào mǎi.

설명 「哪怕~, 也…」 = 「설령 ~하더라도, …하다」

价钱贵一点儿 가격이 비싸다 (안 좋은 상황) + 我要买 나는 살 것이다
哪怕价钱贵一点儿，我也要买。 가격이 좀 비싸더라도 저는 살 거예요.
'설령 ~하더라도, ~하다'라고 어떤 안 좋은 상황이더라도 결과는 변하지 않는다고 말할 때 「哪怕~, 也~」 형식을 사용합니다. 서면어에서는 哪怕 대신 即使(jíshǐ)를 자주 사용합니다.

읽으면서 써 보기 (쓰고 √표시)   🎧 mp3 169

☐ 哪怕价钱贵一点儿，我也要买。
☐
☐
☐

응용해서 써 보기   🎧 mp3 170

① 몇 시간 늦게 간다고 해도 안 늦어요. (늦지 않다 = 来得及 láidejí)
→

② 설령 비가 온다고 해도 경기는 계획대로 진행될 거예요. (진행하다 = 进行 jìnxíng)
→

정답
① 哪怕晚走几个钟头，也来得及。Nǎpà wǎnzǒu jǐ ge zhōngtóu, yě láidejí.
② 即使下雨，比赛也会按计划进行。Jíshǐ xiàyǔ, bǐsài yě huì àn jìhuà jìnxíng.

DAY 080 ___월 ___일

무슨 일을 하든지 그는 아주 열심히 해요.

不管做什么事，他**都**很认真。

Bùguǎn zuò shénme shì, tā dōu hěn rènzhēn.

설명 「不管~，都/也…」=「~에 관계없이, …하다」
做什么事 무슨 일을 하다 + 他很认真 그는 아주 성실하다
不管做什么事，他都很认真。무슨 일을 하든지 그는 아주 열심히 해요.
'~에 관계없이, ~하다'라고 어떤 조건에서도 결과는 변함이 없다고 말할 때 「不管~，都/也~」형식을 사용합니다.

읽으면서 써 보기 (쓰고 √표시)   🎧 mp3 171

☐ 不管做什么事，他都很认真。
☐
☐
☐

응용해서 써 보기   🎧 mp3 172

① 다른 사람이 어떻게 말하든지 저는 신경 쓰지 않아요. (신경 쓰다 = 在乎 zàihu)
→

② 당신이 어디에 가든지 저는 당신과 함께 갈 거예요. (함께 = 一起 yìqǐ)
→

정답

① 不管别人怎么说，我也不在乎。Bùguǎn biérén zěnme shuō, wǒ yě bú zàihu.
② 不管你去哪儿，我都要跟你一起去。Bùguǎn nǐ qù nǎr, wǒ dōu yào gēn nǐ yìqǐ qù.

TEST

※ 배운 문장을 기억하여 중국어로 써 보세요.

01. 만일 무슨 일이 있으면 저를 찾으세요.
    →

02. 내일 비가 안 오면 우리 만리장성에 갑시다.
    →

03. 비가 와서 우산을 샀어요.
    →

04. 에어컨이 고장나서 제가 창문을 열었어요.
    →

05. 당신은 알지 못하면서 함부로 말하면 안 돼요.
    →

06. 기왕 왔으니 차 한 잔 마시고 가세요.
    →

07. 2년이 지나야만 그는 돌아올 수 있어요.
    →

08. 병이 나야만 그는 휴가를 내요.
    →

09. 그는 비록 나이가 어리지만 철이 들었어요.
    →

10. 저는 너무 가고 싶지만 시간이 없어요.
    →

11. 믿음이 있으면 반드시 성공할 수 있어요.
    →

12. 학생이면 무료로 참가할 수 있습니다.
    →

13. 자주 만나야만 한 사람을 이해할 수 있어요.
    →

14. 책을 많이 봐야 좋은 아이디어를 낼 수 있어요.
    →

15. 감기 걸리지 않도록 옷을 두껍게 입으세요.
    →

16. 배탈 나지 않게 너무 많이 먹지 마세요.
    →

17. 가격이 좀 비싸더라도 저는 살 거예요.
    →

18. 몇 시간 늦게 간다고 해도 안 늦어요.
    →

19. 무슨 일을 하든지 그는 아주 열심히 해요.
    →

20. 다른 사람이 어떻게 말하든지 저는 신경 쓰지 않아요.
    →

TEST 정답

01. 如果有什么事，就找我吧。
02. 如果明天不下雨，我们就去长城吧。
03. 因为下雨，所以我买了一把伞。
04. 因为空调坏了，所以我打开了窗户。
05. 你既然不知道，就不应该乱说。
06. 你既然来了，就喝杯茶再走吧。
07. 除非过两年，他才能回来。
08. 除非得病，他才请假。
09. 他虽然年纪小，但是很懂事。
10. 我虽然很想去，但没有时间。
11. 只要你有信心，就一定能成功。
12. 只要是学生，就可以免费参加。
13. 只有多接触，才能了解一个人。
14. 只有多看书，才能想出好主意来。
15. 穿厚一点，省得感冒。
16. 你不要吃得太多，省得闹肚子。
17. 哪怕价钱贵一点儿，我也要买。
18. 哪怕晚走几个钟头，也来得及。
19. 不管做什么事，他都很认真。
20. 不管别人怎么说，我也不在乎。

CHAPTER 09

강조해서 말하기
- 강조 표현

Day 081	这问题可不简单。
Day 082	我太忙了，连饭也没吃。
Day 083	我一点儿也听不懂他的话。
Day 084	他是从德国来的。
Day 085	这件事，非他来办不可。
Day 086	谁会做赔本生意呢？
Day 087	这样好的机会，你难道想错过吗？
Day 088	大人还搬不动，何况小孩子呢？

DAY 081 ___월 ___일

이 문제가 진짜 간단하지 않아요.

这问题可不简单。

Zhè wèntí kě bù jiǎndān.

설명 「可+동사/형용사」=「정말/진짜 ~하다」

这问题不简单。 이 문제가 간단하지 않아요. (사실)

这问题可不简单。 이 문제가 진짜 간단하지 않아요. (어기를 강조)

무엇이 '정말/진짜 ~하다'라고 강조해서 말할 때 「可+동사/형용사」의 형식을 사용합니다.

읽으면서 써 보기 (쓰고 √표시) 🎧 mp3 173

☐ 这问题可不简单。
☐
☐
☐

응용해서 써 보기 🎧 mp3 174

① 인생이 정말 짧아요. (짧다 = 短暂 duǎnzàn)
→

② 저 방금 엄청 창피했어요. (창피 당하다 = 丢人 diūrén)
→

정답
① 人生可短暂了。 Rénshēng kě duǎnzàn le.
② 我刚才可丢人了。 Wǒ gāngcái kě diūrén le.

DAY 082 ___월 ___일

> 저는 너무 바빠서 밥도 못 먹었어요.
> **我太忙了，连饭也没吃。**
> Wǒ tài máng le, lián fàn yě méi chī.

설명 「连+명사/동사+也/都~」=「~조차도 …하다」
没吃饭 밥을 안 먹다 + ('밥' 강조)
连饭也没吃 밥도 못 먹다

'~조차도 ~하다'라고 아주 쉬운 것/당연한 것을 강조해서 말할 때「连+명사/동사+也/都~」의 형식을 사용합니다.

읽으면서 써 보기 (쓰고 √표시)   mp3 175

☐ 我太忙了，连饭也没吃。
☐
☐
☐

응용해서 써 보기   mp3 176

① 저는 남산에도 못 가봤어요. (남산 = 南山 Nánshān)
→

② 지하철에 사람이 너무 많아서 움직일 수도 없어요. (움직이다 = 动 dòng)
→

정답
① 我连南山也没去过。Wǒ lián Nánshān yě méi qù guo.
② 地铁上人太多，连动也不能动。Dìtiě shang rén tài duō, lián dòng yě bù néng dòng.

DAY 083 ___월 ___일

> 저는 그의 말을 조금도 못 알아듣겠어요.
>
> # 我一点儿也听不懂他的话。
>
> Wǒ yìdiǎnr yě tīngbudǒng tā de huà.

설명 「一~也/都+不/没(有)」=「조금도 못/안 ~하다」

听不懂 못 알아듣다 + ('조금도' 강조)

一点儿也听不懂。그의 말을 조금도 못 알아듣겠어요.

'조금도 못/안 ~하다'라고 부정의 의미를 강조해서 말할 때 「一~也/都+不/没(有)」의 형식을 사용합니다.

읽으면서 써 보기 (쓰고 √표시)   🎧 mp3 177

☐ 我一点儿也听不懂他的话。
☐
☐
☐

응용해서 써 보기   🎧 mp3 178

① 커피숍에 한 사람도 없어요. (커피숍 = 咖啡厅 kāfēitīng)

  →

② 그녀는 거기에 앉아서 조금도 움직이지 않아요. (앉다 = 坐 zuò)

  →

정답

① 咖啡厅里一个人也没有。Kāfēitīng lǐ yí ge rén yě méiyǒu.
② 她坐那里一动也不动。Tā zuò nàli yídòng yě bú dòng.

DAY 084 ___월 ___일

> 그는 독일에서 온 사람이에요.
>
> # 他是从德国来的。
>
> Tā shì cóng Déguó lái de.

설명 「是~的」=「~한 것이다」

他是德国人 그는 독일 사람이다 (사실) + ('장소' 강조)

他是从德国来的。 그는 독일에서 온 사람이에요.

이미 일어난 일의 '시간, 장소, 방식, 행위자, 목적'을 강조해서 말할 때 「是~的」의 형식을 사용합니다.

읽으면서 써 보기   (쓰고 √ 표시)   🎧 mp3 179

☐ 他是从德国来的。
☐
☐
☐

응용해서 써 보기   🎧 mp3 180

① 저는 기차를 타고 왔어요. (방식 강조) (기차 = 火车 huǒchē)

   →

② 이 음식은 샤오왕이 만든 거예요. (행위자 강조) (만들다 = 做 zuò)

   →

정답
① 我是坐火车来的。Wǒ shì zuò huǒchē lái de.
② 这个菜是小王做的。Zhè ge cài shì Xiǎo Wáng zuò de.

DAY 085 ___월 ___일

> 이 일은 그가 하지 않으면 안 돼요.
>
> # 这件事，非他来办不可。
>
> Zhè jiàn shì, fēi tā lái bàn bùkě.

설명 「非~不可」=「~지 않으면 안 되다, 꼭 ~해야 한다」

他来办 그가 하다 + ('필요성' 강조)

非他来办不可。 그가 하지 않으면 안 돼요.

'~지 않으면 안 되다'라고 필요성을 강조해서 말할 때 「非~不可」의 형식을 사용합니다. 이것은 一定要와 바꿔서 쓸 수 있습니다.

읽으면서 써 보기 (쓰고 √ 표시) 🎧 mp3 181

☐ 这件事，非他来办不可。
☐
☐
☐

응용해서 써 보기 🎧 mp3 182

① 내일 당신이 오지 않으면 안 돼요. (오다 = 来 lái)

→

② 이런 병은 수술을 하지 않으면 됩니다. (수술하다 = 动手术 dòng shǒushù)

→

정답
① 明天非你来不可。Míngtiān fēi nǐ lái bùkě.
② 这种病非动手术不可。Zhè zhǒng bìng fēi dòng shǒushù bùkě.

DAY 086 ___월 ___일

> 누가 밑지는 장사를 하겠어요?
>
> **谁会做赔本生意呢?**
>
> Shéi huì zuò péiběn shēngyi ne?

설명 「谁/怎么/哪/什么~?」 = 「누가/어떻게/어디/무엇이 ~하겠어요?(반어문)」
不会做赔本生意 밑지는 장사를 하지 않다 + ('부정' 강조)
谁会做赔本生意呢? 누가 밑지는 장사를 하겠어요?

'누가/어떻게/어디/무엇이 ~하겠어요?'라고 부정이나 긍정을 더욱 강조할 때 반어문인 「谁/怎么/哪/什么~?」의 형식을 사용합니다.

읽으면서 써 보기 (쓰고 √ 표시) 🎧 mp3 183

☐ 谁会做赔本生意呢?
☐
☐
☐

응용해서 써 보기 🎧 mp3 184

① 당신 어떻게 이런 말을 할 수 있어요? (이렇다 = 这样 zhèyàng)
→

② 세상에 걱정하지 않는 사람이 어디에 있습니까? (걱정하다 = 担心 dānxīn)
→

정답
① 你怎么能说这样的话? Nǐ zěnme néng shuō zhèyàng de huà?
② 世上哪有不担心的人? Shìshàng nǎyǒu bù dānxīn de rén?

DAY 087 ___월 ___일

이렇게 좋은 기회를 설마 놓치고 싶으세요?

这样好的机会，你难道想错过吗？

Zhèyàng hǎo de jīhuì, nǐ nándào xiǎng cuòguò ma?

설명 「难道~吗?」=「설마 ~하겠어요?(반어문)」
你不会想错过 놓치고 싶지 않을 것이다 + ('부정' 강조)
你难道想错过吗? 설마 놓치고 싶으세요?

'설마 ~하겠어요?'라고 부정이나 긍정을 더욱 강조할 때 반어문인 「难道~吗?」의 형식을 사용합니다.

읽으면서 써 보기 (쓰고 √표시)   mp3 185

☐ 这样好的机会，你难道想错过吗?
☐
☐
☐

응용해서 써 보기   mp3 186

① 설마 아직도 이해가 안 돼요? (이해하다, 알다 = 明白 míngbái)
 →

② 어떻게 이렇게 싸죠, 설마 가짜일까요? (가짜 = 假的 jiǎ de)
 →

정답
① 难道你还不明白吗? Nándào nǐ hái bù míngbái ma?
② 怎么这么便宜，难道这是假的吗? Zěnme zhème piányi, nándào zhè shì jiǎ de ma?

DAY 088 ___월 ___일

> 어른도 못 옮기는데 하물며 아이는요?
>
> # 大人还搬不动, 何况小孩子呢?
>
> Dàrén hái bānbudòng, hékuàng xiǎoháizi ne?

설명 「何况~呢?」=「하물며 ~는요?」

大人搬不动, 小孩子也搬不动 어른이 못 옮기고 아이도 못 옮긴다 + ('당연함' 강조)
大人还搬不动, 何况小孩子呢? 어른도 못 옮기는데 하물며 아이는요?

'하물며 ~는요?'라고 앞의 것이 이러하니 뒤의 것은 더 당연히 그러하다고 강조할 때 반어문인 「何况 ~呢?」의 형식을 사용합니다.

읽으면서 써 보기   (쓰고 √ 표시)   🎧 mp3 187

☐ 大人还搬不动, 何况小孩子呢?
☐
☐
☐

응용해서 써 보기   🎧 mp3 188

① 어려운 문제도 해결하는데 하물며 쉬운 문제는요? (쉽다 = 容易 róngyì)
   →

② 명동은 평소에도 사람이 많은데 하물며 일요일은요? (평소 = 平时 píngshí)
   →

정답

① 难题都能解决, 何况容易的问题呢? Nántí dōu néng jiějué, hékuàng róngyì de wèntí ne?
② 明洞平时人很多, 何况星期天呢? Míngdòng píngshí rén hěnduō, hékuàng xīngqītiān ne?

TEST

※ 배운 문장을 기억하여 중국어로 써 보세요.

01. 이 문제가 진짜 간단하지 않아요.
    →

02. 인생이 정말 짧아요.
    →

03. 저 방금 엄청 창피했어요.
    →

04. 저는 너무 바빠서 밥도 못 먹었어요.
    →

05. 저는 남산에도 못 가봤어요.
    →

06. 저는 그의 말을 조금도 못 알아듣겠어요.
    →

07. 커피숍에 한 사람도 없어요.
    →

08. 그는 독일에서 온 사람이에요.
    →

09. 저는 기차를 타고 왔어요.
    →

10. 이 음식은 샤오왕이 만든 거예요.
    →

11. 이 일은 그가 하지 않으면 안 돼요.
    →

12. 내일 당신이 오지 않으면 안 돼요.
    →

13. 이런 병은 수술을 하지 않으면 안 됩니다.
    →

14. 누가 밑지는 장사를 하겠어요?
    →

15. 당신 어떻게 이런 말을 할 수 있어요?
    →

16. 세상에 걱정하지 않는 사람이 어디에 있습니까?
    →

17. 이렇게 좋은 기회를 설마 놓치고 싶으세요?
    →

18. 설마 아직도 이해가 안 돼요?
    →

19. 어른도 못 옮기는데 하물며 아이는요?
    →

20. 명동은 평소에도 사람이 많은데 하물며 일요일은요?
    →

TEST 정답

01. 这问题可不简单。
02. 人生可短暂了。
03. 我刚才可丢人了。
04. 我太忙了,连饭也没吃。
05. 我连南山也没去过。
06. 我一点儿也听不懂他的话。
07. 咖啡厅里一个人也没有。
08. 他是从德国来的。
09. 我是坐火车来的。
10. 这个菜是小王做的。
11. 这件事,非他来办不可。
12. 明天非你来不可。
13. 这种病非动手术不可。
14. 谁会做赔本生意呢?
15. 你怎么能说这样的话?
16. 世上哪有不担心的人?
17. 这样好的机会,你难道想错过吗?
18. 难道你还不明白吗?
19. 大人还搬不动,何况小孩子呢?
20. 明洞平时人很多,何况星期天呢?

CHAPTER 10

고정격식으로 말하기
- 고정격식

Day 089	孩子们在操场上跑来跑去。
Day 090	衬衫不大不小，正合适。
Day 091	真巧，大家的意见不谋而合。
Day 092	学生们似懂非懂地看着老师。
Day 093	他凡事有始有终。
Day 094	友情归友情，比赛归比赛。

DAY 089 ___월 ___일

아이들이 운동장에서 뛰어다녀요.

孩子们在操场上跑来跑去。

Háizimen zài cāochǎng shang pǎoláipǎoqù.

설명 「동사+来+동사+去」 = 「이리저리 ~하다」

跑 뛰다 + 来去 오가다

跑来跑去 뛰어다니다

「동사+来+동사+去」는 '이리저리 ~하다'라고 어떤 동작을 다양한 방향으로 반복한다는 뜻입니다. 예: 飞来飞去(이리저리 날아다니다), 想来想去(이리저리 생각하다)

읽으면서 써 보기 (쓰고 √ 표시)   mp3 189

☐ 孩子们在操场上跑来跑去。
☐
☐
☐

응용해서 써 보기   mp3 190

① 파리가 곳곳에 날아다녀요. (파리 = 苍蝇 cāngying, 곳곳 = 到处 dàochù)

→

② 이리저리 생각했지만 좋은 방법이 떠오르지 않네요. (생각해내다 = 想出 xiǎngchū)

→

정답

① 苍蝇到处飞来飞去。Cāngying dàochù fēiláifēiqù.
② 我想来想去, 但还是想不出好办法。Wǒ xiǎngláixiǎngqù, dàn háishì xiǎngbuchū hǎobànfǎ.

DAY 090 ___월 ___일

> 셔츠가 크지도 작지도 않고 딱 맞아요.
>
> # 衬衫不大不小，正合适。
>
> Chènshān búdàbùxiǎo, zhèng héshì.

설명 「不+형용사+不+형용사」=「~하지도 않고 …하지도 않다(적당하다)」

不大 크지 않다 + 不小 작지 않다

不大不小 크지도 작지도 않다

「不+형용사+不+형용사」는 '~하지도 않고 ~하지도 않다'라고 지나치지 않아 적당하다는 뜻입니다. 형용사는 뜻이 서로 상반된 것을 사용합니다.

읽으면서 써 보기 (쓰고 √표시)   🎧 mp3 191

☐ 衬衫不大不小，正合适。
☐
☐
☐

응용해서 써 보기   🎧 mp3 192

① 날씨가 춥지도 덥지도 않아서 여행가기 딱 좋아요. (여행하다 = 旅行 lǚxíng)

→

② 밥이 딱딱하지도 퍼지지도 않아서 맛있어요. (딱딱하다 = 硬 yìng, 부드럽다 = 软 ruǎn)

→

정답

① 天气不冷不热, 正好出去旅行。Tiānqì bùlěngbúrè, zhènghǎo chūqù lǚxíng.
② 这饭不硬不软很好吃。Zhè fàn búyìngbùruǎn hěn hǎochī.

DAY 091 ___월 ___일

정말 신기하게 모두의 의견이 의논하지 않았는데 맞아요.

真巧，大家的意见不谋而合。

Zhēn qiǎo, dàjiā de yìjiàn bùmóu'érhé.

설명 「不+동사+而+동사」=「~하지 않았음에도 …하다」

谋 의논하다 + 合 맞다, 합하다

不谋而合 의논하지 않았는데 맞다

「不+동사+而+동사」는 '~하지 않았음에도 ~하다'라고 어떤 조건이 없음에도 결과가 만들어졌다는 뜻입니다. 예: 不劳而获(일하지 않았는데 소득이 있다), 不翼而飞(날개가 없는데 사라지다)

읽으면서 써 보기 (쓰고 √표시) mp3 193

☐ 真巧，大家的意见不谋而合。
☐
☐
☐

응용해서 써 보기 mp3 194

① 이건 말하지 않아도 아는 거예요. (말하다 = 言 yán, 이해하다 = 喻 yù)
→

② 저는 길에서 옛 친구를 우연히 만났어요. (기대하다 = 期 qī, 만나다 = 遇 yù)
→

정답

① 这是不言而喻的。Zhè shì bùyán'éryù de.
② 我在路上和老朋友不期而遇。Wǒ zài lù shang hé lǎopéngyǒu bùqī'éryù.

DAY 092 ___월 ___일

학생들이 아는 듯 모르는 듯 선생님을 보고 있어요.

学生们似懂非懂地看着老师。

Xuéshēngmen sìdǒngfēidǒng de kànzhe lǎoshī.

설명 「似+동사/명사+非+동사/명사」=「~인 듯 아닌 듯」

似懂 이해하는 것 같다 + 好像不懂 이해하지 못하는 것 같다

似懂非懂 아는 듯 모르는 듯

「似+동사/명사+非+동사/명사」는 '~인 듯 아닌 듯'이라고 어떤 행동이나 느낌이 모호한 상태라는 뜻입니다. 예: 似人非人(사람인 듯 아닌 듯), 似睡非睡(비몽사몽)

읽으면서 써 보기 (쓰고 √표시)   🎧 mp3 195

☐ 学生们似懂非懂地看着老师。
☐
☐
☐

응용해서 써 보기   🎧 mp3 196

① 그는 비몽사몽간에 누군가 부르는 것을 들었어요. (자다 = 睡 shuì)
→

② 이 셔츠는 입은 듯 안 입은 듯한 느낌이에요. (입다 = 穿 chuān)
→

정답
① 他似睡非睡间听到有人叫。Tā sìshuìfēishuì jiān tīngdào yǒurén jiào.
② 这衬衫有似穿非穿的感觉。Zhè chènshān yǒu sìchuānfēichuān de gǎnjué.

DAY 093 ___월 ___일

그는 모든 일에 시작과 끝이 분명해요.

他凡事有始有终。

Tā fánshì yǒushǐyǒuzhōng.

설명 「有+명사+有+명사」=「~도 있고 …도 있다(매우 ~이 있다)」

有始 시작이 있다 + 有终 끝이 있다

有始有终 시작도 있고 끝도 있다(시작과 끝이 분명하다)

「有+명사+有+명사」는 '~도 있고 ~도 있다'라고 어떠한 것이 확실히 있다는 뜻입니다. 명사는 비슷한 뜻의 것을 나열합니다. 예: 有根有据(근거가 있다), 有滋有味(맛이 있다)

읽으면서 써 보기 (쓰고 √ 표시)   mp3 197

☐ 他凡事有始有终。
☐
☐
☐

응용해서 써 보기   mp3 198

① 그는 이야기를 실감나게 해요. (실감나다 = 有声有色 yǒushēngyǒusè)

→

② 그의 의견에는 조리가 있어요. (조리 = 条理 tiáolǐ)

→

정답

① 他把故事讲得有声有色。Tā bǎ gùshì jiǎng de yǒushēngyǒusè.
② 他的意见有条有理。Tā de yìjiàn yǒutiáoyǒulǐ.

DAY 094 ___월 ___일

> 우정은 우정이고, 시합은 시합이에요.
>
> 友情归友情，比赛归比赛。
>
> Yǒuqíng guī yǒuqíng, bǐsài guī bǐsài.

설명 「명사+归+명사」=「~은 ~고(다른 것과 구별해야 한다)」
友情跟比赛是两回事 우정과 시합은 별개의 일이다
友情归友情，比赛归比赛。우정은 우정이고 시합은 시합이에요.
「명사+归+명사」는 '~은 ~고'라고 다른 것과 구별해야 한다는 뜻입니다.

읽으면서 써 보기 (쓰고 √표시) 🎧 mp3 199

☐ 友情归友情，比赛归比赛。
☐
☐
☐

응용해서 써 보기 🎧 mp3 200

① 친구는 친구고, 돈은 그래도 분명히 해야 해요. (돈에 관한 일 = 钱的事 qián de shì)
→

② 동정은 동정이고, 그래도 규정대로 처리해야 해요. (동정 = 同情 tóngqíng)
→

정답
① 朋友归朋友，钱的事还是得说清楚。Péngyou guī péngyou, qián de shì háishì děi shuōqīngchu.
② 同情归同情，咱们还得照章办事。Tóngqíng guī tóngqíng, zánmen hái děi zhàozhāng bànshì.

TEST

※ 배운 문장을 기억하여 중국어로 써 보세요.

01. 아이들이 운동장에서 뛰어다녀요.
    →

02. 파리가 곳곳에 날아다녀요.
    →

03. 이리저리 생각했지만 좋은 방법이 떠오르지 않네요.
    →

04. 셔츠가 크지도 작지도 않고 딱 맞아요.
    →

05. 날씨가 춥지도 덥지도 않아서 여행가기 딱 좋아요.
    →

06. 밥이 딱딱하지도 퍼지지도 않아서 맛있어요.
    →

07. 정말 신기하게 모두의 의견이 의논하지 않았는데 맞아요.
    →

08. 이건 말하지 않아도 아는 거예요.
    →

09. 저는 길에서 옛 친구를 우연히 만났어요.
    →

10. 당신은 불로소득을 바라는데 꿈도 꾸지 마세요.
    →

11. 학생들이 아는 듯 모르는 듯 선생님을 보고 있어요.
  →

12. 그는 비몽사몽간에 누군가 부르는 것을 들었어요.
  →

13. 이 셔츠는 입은 듯 안 입은 듯한 느낌이에요.
  →

14. 그는 모든 일에 시작과 끝이 분명해요.
  →

15. 그는 이야기를 실감나게 해요.
  →

16. 그의 의견에는 조리가 있어요.
  →

17. 그의 말에는 근거가 있어서 모두들 믿게 됐어요.
  →

18. 우정은 우정이고, 시합은 시합이에요.
  →

19. 친구는 친구고, 돈은 그래도 분명히 해야 해요.
  →

20. 동정은 동정이고, 그래도 규정대로 처리해야 해요.
  →

TEST 정답

01. 孩子们在操场上跑来跑去。
02. 苍蝇到处飞来飞去。
03. 我想来想去，但还是想不出好办法。
04. 衬衫不大不小，正合适。
05. 天气不冷不热，正好出去旅行。
06. 这饭不硬不软很好吃。
07. 真巧，大家的意见不谋而合。
08. 这是不言而喻的。
09. 我在路上和老朋友不期而遇。
10. 你想不劳而获，别做梦了。
11. 学生们似懂非懂地看着老师。
12. 他似睡非睡间听到有人叫。
13. 这衬衫有似穿非穿的感觉。
14. 他凡事有始有终。
15. 他把故事讲得有声有色。
16. 他的意见有条有理。
17. 他说得有根有据，大家也就信了。
18. 友情归友情，比赛归比赛。
19. 朋友归朋友，钱的事还是得说清楚。
20. 同情归同情，咱们还得照章办事。

CHAPTER 11

의문사의 특별한 용법
- 의문사의 特指용법

Day 095	你要多少，就拿多少吧。
Day 096	你要几点走，就几点走。
Day 097	哪里有水，哪里就有鱼。
Day 098	谁知道，谁举手。
Day 099	你想买什么，就买什么吧。
Day 100	你怎么想，就怎么写吧。

DAY 095 ___월 ___일

당신이 원하는 **만큼** 가져가세요.

你要多少, 就拿多少吧。

Nǐ yào duōshao, jiù ná duōshao ba.

설명 「多少~多少…」=「~만큼 …하다」

要多少₁ 얼마를 원하다 + 拿多少₂ 얼마를 가져가다 (多少₁ = 多少₂)

你要多少, 就拿多少吧。얼마를 원하면 얼마를 가져가세요. (당신이 원하는 만큼 가져가세요)

구체적으로 말하지 않으면서 '~만큼 ~하다'라고 말할 때 의문대명사를 사용해서「多少~多少~」라고 합니다. 이 의문사는 동일한 수량을 가리킵니다.

읽으면서 써 보기 (쓰고 √표시)   🎧 mp3 201

☐ 你要多少, 就拿多少吧。
☐
☐
☐

응용해서 써 보기   🎧 mp3 202

① 네가 돈이 필요한 만큼 빌려줄게. (빌려주다 = 借给 jiègěi)

→

② 그는 매달 버는 만큼 씁니다. (벌다 = 赚 zhuàn, 쓰다 = 花 huā)

→

정답

① 你需要多少钱, 我借给你多少钱。Nǐ xūyào duōshǎoqián, wǒ jiègěi nǐ duōshǎoqián.
② 他每月赚多少钱, 就花多少钱。Tā měiyuè zhuàn duō shǎoqián, jiù huā duōshǎoqián.

DAY 096 ___월 ___일

> 당신이 원하는 시간에 가세요.
>
> # 你要几点走, 就几点走。
>
> Nǐ yào jǐ diǎn zǒu, jiù jǐ diǎn zǒu.

설명 「几~几…」 = 「~만큼 …하다」

要几₁点走 몇 시에 가고 싶다 + 几₂点走 몇 시에 가다 (几₁ = 几₂)

你要几点走, 就几点走。 몇 시에 가고 싶으면 그 몇 시에 가세요. (당신이 원하는 시간에 가세요)

구체적으로 말하지 않으면서 '~만큼 ~하다'라고 말할 때 의문대명사를 사용해서 「几~几~」라고 합니다. 이 의문사는 동일한 수량을 가리킵니다.

읽으면서 써 보기 (쓰고 √표시) 🎧 mp3 203

☐ 你要几点走, 就几点走。
☐
☐
☐

응용해서 써 보기 🎧 mp3 204

① 당신이 일어나는 시간에 저를 깨워 주세요. (깨우다 = 叫醒 jiàoxǐng)

→

② 당신이 가지고 있는 만큼 가져 오세요. (가져 오다 = 拿来 nálái)

→

정답

① 你几点起来, 就几点叫醒我吧。 Nǐ jǐdiǎn qǐlái, jiù jǐdiǎn jiàoxǐng wǒ ba.
② 你有几个, 拿几个来吧。 Nǐ yǒu jǐ ge, ná jǐ ge lái ba.

DAY 097 ___월 ___일

> 물이 있는 곳에 물고기가 있어요.
>
> # 哪里有水，哪里就有鱼。
>
> Nǎlǐ yǒu shuǐ, nǎlǐ jiù yǒu yú.

설명 「哪里~哪里…」=「~한 곳에 …하다」

哪里₁有水 어디에 물이 있다 + 哪里₂就有鱼 어디에 물고기가 있다 (哪里₁ = 哪里₂)
哪里有水, 哪里就有鱼。 어디에 물이 있으면 그 어디에 물고기가 있어요. (물이 있는 곳에 물고기가 있어요)

구체적으로 말하지 않으면서 '~한 곳에 ~하다'라고 말할 때 의문대명사를 사용해서「哪里~哪里~」라고 합니다. 이 의문사는 동일한 장소를 가리킵니다.

읽으면서 써 보기 (쓰고 √표시)　　🎧 mp3 205

☐ 哪里有水，哪里就有鱼。
☐
☐
☐

응용해서 써 보기　　🎧 mp3 206

① 경치가 좋은 곳에서 사진을 찍어요. (경치 = 风景 fēngjǐng)
→

② 당신이 가고 싶은 곳에 가면 돼요. (가다 = 去 qù)
→

정답
① 哪儿风景好，我们就在哪儿照相。Nǎr fēngjǐng hǎo, wǒmen jiù zài nǎr zhàoxiàng.
② 你要到哪儿去，就可以到哪儿去。Nǐ yào dào nǎr qù, jiù kěyǐ dào nǎr qù.

DAY 098 ___월 ___일

> 아는 사람은 손을 드세요.
>
> ## 谁知道，谁举手。
>
> Shéi zhīdào, shéi jǔshǒu.

설명 「谁~谁…」=「~한 사람은 …하다」

谁₁知道 누가 알다 + 谁₂举手 누가 손을 들다 (谁₁ = 谁₂)

谁知道，谁举手。누가 알면 누가 손을 드세요. (아는 사람은 손을 드세요)

구체적으로 말하지 않으면서 '~한 사람은 ~하다'라고 말할 때 의문대명사를 사용해서 「谁~谁~」라고 합니다. 이 의문사는 동일한 사람을 가리킵니다.

읽으면서 써 보기 (쓰고 √표시) 🎧 mp3 207

☐ 谁知道，谁举手。
☐
☐
☐

응용해서 써 보기 🎧 mp3 208

① 이 개는 보는 사람마다 물어요. (물다 = 咬 yǎo)
   →

② 당신이 주고 싶은 사람에게 주세요. (주다 = 给 gěi)
   →

정답

① 这条狗见谁，咬谁。Zhè tiáo gǒu jiàn shéi, yǎo shéi.
② 你想给谁，就给谁。Nǐ xiǎng gěi shéi, jiù gěi shéi.

DAY 099 ___월 ___일

당신이 사고 싶은 것을 사세요.

你想买什么，就买什么吧。

Nǐ xiǎng mǎi shénme, jiù mǎi shénme ba.

설명 「什么~什么…」=「~한 것을 …하다」

想买什么₁ 무엇을 사고 싶다 + 买什么₂ 무엇을 사다 (什么₁ = 什么₂)

你想买什么，就买什么吧。무엇을 사고 싶으면 그 무엇을 사세요. (당신이 사고 싶은 것을 사세요)

구체적으로 말하지 않으면서 '~한 것을 ~하다'라고 말할 때 의문대명사를 사용해서 「什么~什么~」라고 합니다. 이 의문사는 동일한 물건을 가리킵니다.

읽으면서 써 보기 (쓰고 √표시)   mp3 209

☐ 你想买什么，就买什么吧。
☐
☐
☐

응용해서 써 보기   mp3 210

① 당신이 먹고 싶은 것을 주문하세요. (주문하다 = 点 diǎn)
→

② 그 아버지에 그 아들이에요. (아버지 = 父亲 fùqīn)
→

정답
① 你喜欢吃什么，就点什么吧。Nǐ xǐhuan chī shénme, jiù diǎn shénme ba.
② 有什么样的父亲，有什么样的孩子。Yǒu shénmeyàng de fùqīn, yǒu shénmeyàng de háizi.

DAY 100 ___월 ___일

> 당신이 생각하는 대로 쓰세요.
>
> # 你怎么想, 就怎么写吧。
> Nǐ zěnme xiǎng, jiù zěnme xiě ba.

설명 「怎么~怎么…」= 「~한 대로 …하다」

怎么₁想 어떻게 생각하다 + 怎么₂写 어떻게 쓰다 (怎么₁ = 怎么₂)

你怎么想, 就怎么写吧。당신이 어떻게 생각하는 대로 어떻게 쓰세요. (당신이 생각하는 대로 쓰세요)

구체적으로 말하지 않으면서 '~한 대로 ~하다'라고 말할 때 의문대명사를 사용해서 「怎么~怎么~」라고 합니다. 이 의문사는 동일한 방법을 가리킵니다.

읽으면서 써 보기 (쓰고 √표시)   mp3 211

☐ 你怎么想, 就怎么写吧。
☐
☐
☐

응용해서 써 보기   mp3 212

① 당신이 하고 싶은 대로 하세요. (하다 = 办 bàn)
   →

② 우리는 당신이 결정하는 대로 할게요. (결정하다 = 决定 juédìng)
   →

정답
① 你想怎么办, 就怎么办吧。 Nǐ xiǎng zěnme bàn, jiù zěnme bàn ba.
② 你怎么决定, 我们就怎么做。 Nǐ zěnme juédìng, wǒmen jiù zěnme zuò.

TEST

※ 배운 문장을 기억하여 중국어로 써 보세요.

01. 당신이 원하는 만큼 가져가세요.
   →

02. 네가 돈이 필요한 만큼 빌려줄게.
   →

03. 그는 매달 버는 만큼 씁니다.
   →

04. 당신이 원하는 시간에 가세요.
   →

05. 당신이 일어나는 시간에 저를 깨워 주세요.
   →

06. 당신이 가지고 있는 만큼 가져 오세요.
   →

07. 물이 있는 곳에 물고기가 있어요.
   →

08. 경치가 좋은 곳에서 사진을 찍어요.
   →

09. 당신이 가고 싶은 곳에 가면 돼요.
   →

10. 당신이 가는 곳에 저도 갈 거예요.
   →

11. 아는 사람은 손을 드세요.
    →

12. 이 개는 보는 사람마다 물어요.
    →

13. 당신이 주고 싶은 사람에게 주세요.
    →

14. 먼저 끝낸 사람이 먼저 갑니다.
    →

15. 당신이 사고 싶은 것을 사세요.
    →

16. 당신이 먹고 싶은 것을 주문하세요.
    →

17. 그 아버지에 그 아들이에요.
    →

18. 당신이 생각하는 대로 쓰세요.
    →

19. 당신이 하고 싶은 대로 하세요.
    →

20. 우리는 당신이 결정하는 대로 할게요.
    →

TEST 정답

01. 你要多少, 就拿多少吧。
02. 你需要多少钱, 我借给你多少钱。
03. 他每月赚多少钱, 就花多少钱。
04. 你要几点走, 就几点走。
05. 你几点起来, 就几点叫醒我吧。
06. 你有几个, 拿几个来吧。
07. 哪里有水, 哪里就有鱼。
08. 哪儿风景好, 我们就在哪儿照相。
09. 你要到哪儿去, 就可以到哪儿去。
10. 你去哪儿, 我也去哪儿。
11. 谁知道, 谁举手。
12. 这条狗见谁, 咬谁。
13. 你想给谁, 就给谁。
14. 谁先做完, 谁先走。
15. 你想买什么, 就买什么吧。
16. 你喜欢吃什么, 就点什么吧。
17. 有什么样的父亲, 有什么样的孩子。
18. 你怎么想, 就怎么写吧。
19. 你想怎么办, 就怎么办吧。
20. 你怎么决定, 我们就怎么做。

- 단어 주석

단어 주석

A

安排	ānpái	동 안배하다
按照	ànzhào	개 ~에 따라

B

拔	bá	동 뽑다, 빼다
把	bǎ	양 자루가 있는 기구를 세는 단위 개 목적어를 앞으로 전치시킬 때 사용함
搬	bān	동 옮기다, 이사하다
办	bàn	동 하다, 처리하다
办法	bànfǎ	명 방법, 수단
办事	bànshì	동 일을 처리하다
半途而废	bàntú'érfèi	중도에서 그만두다
帮助	bāngzhù	동 돕다
抱歉	bàoqiàn	동 미안하게 생각하다
杯	bēi	양 잔
被	bèi	개 ~에게 ~당하다
背	bèi	동 외우다, 암송하다
背眼	bèiyǎn	형 구석지다
本	běn	양 책을 세는 단위
比赛	bǐsài	명 시합
必须	bìxū	부 반드시 ~해야 한다
遍	biàn	양 번, 회 (동작의 시작부터 끝까지의 전 과정을 세는 단위)
变	biàn	동 변하다
变色	biànsè	동 색깔이 변하다
表达能力	biǎodánénglì	표현 능력
表情	biǎoqíng	명 표정
别	bié	형 별개의, 다른
别的	bié de	명 다른 것
别人	biérén	명 다른 사람
冰箱	bīngxiāng	명 냉장고
病	bìng	명 병 동 병나다
不错	búcuò	형 맞다, 틀림없다
不但	búdàn	접 ~뿐만 아니라
不管	bùguǎn	접 ~에 관계없이
布料	bùliào	명 천, 옷감
不如	bùrú	동 ~만 못하다

C

猜	cāi	동 추측하다
才	cái	부 겨우, ~에서야
材料	cáiliào	명 재료
菜	cài	명 요리
参加	cānjiā	동 참가하다
苍蝇	cāngying	명 파리
操场	cāochǎng	명 운동장
长	cháng	형 길다
长城	Chángchéng	명 만리장성
长久	chángjiǔ	형 장구하다
唱歌	chànggē	동 노래를 부르다
朝	cháo	개 ~을 향하여
衬衫	chènshān	명 셔츠
称心	chènxīn	동 마음에 들다
称心如意	chènxīnrúyì	마음에 꼭 들다
成功	chénggōng	명 성공 동 성공하다
吃后悔药	chī hòuhuǐyào	후회하다
吃亏	chīkuī	동 손해를 보다

抽屉	chōuti	명 서랍
抽烟	chōuyān	동 담배를 피우다
出门	chūmén	동 외출하다
除非	chúfēi	접 오직 ~해야만
除了	chú le	접 ~을 제외하고는
处理	chǔlǐ	동 처리하다
穿	chuān	동 입다
传	chuán	동 전하다
春天	chūntiān	명 봄
窗户	chuānghu	명 창문
词典	cídiǎn	명 사전
刺激	cìjī	명 자극
从	cóng	개 ~부터
从容	cóngróng	형 (태도가) 조용하다 형 (시간이나 경제적으로) 여유가 있다
错过	cuòguò	동 (기회 등을) 놓치다

D

答	dá	동 대답하다
答案	dá'àn	명 답안, 해답
打	dǎ	동 때리다, 치다
打的	dǎdī	동 택시를 타다
打电话	dǎ diànhuà	전화를 걸다
打断	dǎduàn	동 끊다, 자르다
打开	dǎkāi	동 열다
打扫	dǎsǎo	동 청소하다
打算	dǎsuàn	동 ~하려고 하다
打碎	dǎsuì	동 때려 부수다
打招呼	dǎ zhāohu	가볍게 인사하다

大学	dàxué	명 대학
带来	dàilái	동 가져오다
担心	dānxīn	동 염려하다, 걱정하다
但是	dànshì	접 그러나
当中	dāngzhōng	명 그 가운데
到	dào	동 도착하다, 도달하다, ~에 미치다 개 ~로, ~까지
到处	dàochù	명 도처, 곳곳
到达	dàodá	동 도착하다, 도달하다
得病	débìng	동 병을 얻다
德国	Déguó	명 독일
得	de	조 동사, 형용사 뒤에 쓰여 뒤 어휘를 연결시킴
得	děi	동 ~해야 한다
等	děng	동 기다리다 조 ~등, 따위
滴滴答答	dīdidādā	똑똑
低头族	dītóuzú	스몸비 (스마트폰만 보는 사람)
地方	dìfang	명 장소, 부분
地铁	dìtiě	명 지하철
地址	dìzhǐ	명 주소
点	diǎn	명 ~시 동 주문하다
电池	diànchí	명 건전지
电脑	diànnǎo	명 컴퓨터
电梯	diàntī	명 엘리베이터
掉	diào	동 떨어지다
跌倒	diēdǎo	동 걸려 넘어지다
定	dìng	동 정하다, 결정하다
丢人	diūrén	동 창피 당하다

단어 주석

东西	dōngxi	(명) 물건
懂事	dǒngshì	(동) 세상 물정을 알다
动	dòng	(동) 움직이다
动身	dòngshēn	(동) 출발하다
动手术	dòng shǒushù	(동) 수술을 하다
都	dōu	(부) 모두, 다
短暂	duǎnzàn	(형) 시간이 짧다
对	duì	(형) 맞다, 옳다 (개) ~에 대하여, ~에
顿	dùn	(양) 번, 끼니
多少	duōshao	(대) 얼마, 몇

E

而且	érqiě	(접) 게다가, 또한

F

发音	fāyīn	(명) 발음
发展	fāzhǎn	(명) 발전 (동) 발전하다
法律	fǎlǜ	(명) 법률
翻	fān	(동) 뒤집다
凡事	fánshì	(명) 만사
返	fǎn	(동) 돌아가다
反映	fǎnyìng	(동) 반영하다
饭	fàn	(명) 밥
方面	fāngmiàn	(명) 방면, 측면
放	fàng	(동) 두다, 놓다
放心	fàngxīn	(동) 마음을 놓다, 안심하다
飞	fēi	(동) 날다
非…不可	fēi…bùkě	~하지 않으면 안 된다
分期付款	fēnqī fùkuǎn	할부
封	fēng	(양) 통, 꾸러미
风	fēng	(명) 바람
风景	fēngjǐng	(명) 풍경
风向	fēngxiàng	(명) 풍향
扶	fú	(동) 부축하다, 돕다
父母	fùmǔ	(명) 부모
父亲	fùqīn	(명) 부친
负责	fùzé	(동) 책임을 지다

G

该	gāi	(동) ~해야 한다
盖子	gàizi	(명) 뚜껑, 마개
干脆	gāncuì	(부) 전혀, 아예
干净	gānjìng	(형) 깨끗하다
赶	gǎn	(동) 뒤쫓다, 따라가다 (동) (열차, 버스 등의 시간에) 대다
感觉	gǎnjué	(명) 느낌 (동) 느끼다
感冒	gǎnmào	(동) 감기에 걸리다
感兴趣	gǎn xìngqù	흥미를 느끼다
刚	gāng	(부) 막, 바로 (부) 마침, 꼭
钢笔	gāngbǐ	(명) 펜
刚才	gāngcái	(명) 지금 막, 방금
搞	gǎo	(동) 하다, 처리하다
告诉	gàosù	(동) 고소하다
给	gěi	(동) 주다 (개) ~에게 (조) '把'자문, '被'자문의 술어 앞에 쓰여 어기를 강하게 해
跟	gēn	(개) ~와/과

公斤	gōngjīn	⑱ 킬로그램		合同	hétong	⑲ 계약서
恭维话	gōngwéihuà	아첨하는 말		红	hóng	⑲ 붉다, 빨갛다
工作	gōngzuò	⑧ 일하다		红脸	hóngliǎn	⑧ 얼굴을 붉히다
狗	gǒu	⑲ 개		猴子	hóuzi	⑲ 원숭이
姑娘	gūniang	⑲ 아가씨		厚	hòu	⑲ 두껍다
鼓励	gǔlì	⑧ 격려하다		蝴蝶	húdié	⑲ 나비
顾	gù	⑧ 돌보다, 고려하다		花钱	huāqián	⑧ 돈을 쓰다
顾客	gùkè	⑲ 고객		花香	huāxiāng	⑲ 꽃의 향기
故事	gùshi	⑲ 이야기		滑雪	huáxuě	⑧ 스키를 타다
拐	guǎi	⑧ 방향을 바꾸다		话筒	huàtǒng	⑲ 송수화기, 마이크
关	guān	⑧ 닫다, 끄다		坏	huài	⑲ 나쁘다
关系	guānxi	⑲ 관계		皇帝	huángdì	⑲ 황제
关心	guānxīn	⑧ 관심을 갖다		会	huì	⑧ ~할 줄 알다
管	guǎn	⑧ 통제하다, 지도하다				⑧ ~할 것이다
归	guī	⑧ ~일 뿐이다		回来	huílái	⑧ 돌아오다
规定	guīdìng	⑲ 규정, 규칙		回去	huíqù	⑧ 돌아가다
规则	guīzé	⑲ 규칙		会议	huìyì	⑲ 회의
贵	guì	⑲ 값이 비싸다		会议室	huìyìshì	⑲ 회의실
果酱	guǒjiàng	⑲ 잼(jam)		昏	hūn	⑧ 기절하다, 의식을 잃다
过去	guòqù	⑲ 과거		昏昏沉沉	hūnhunchénchén	⑲ 몽롱한 모양
				获	huò	⑧ 얻다, 획득하다

H

还	hái	⑭ 아직, 더욱		火车	huǒchē	⑲ 기차
孩子	háizi	⑲ 아이				

J

好吃	hǎochī	⑲ 맛있다		机场	jīchǎng	⑲ 공항
好好	hǎohao	⑭ 잘, 충분히, 제대로		几乎	jīhū	⑭ 거의, 하마터면
合	hé	⑧ 합치다, 맞다		机会	jīhuì	⑲ 기회
何况	hékuàng	㉑ 하물며		即使	jíshǐ	㉑ 설사 ~하더라도
合适	héshì	⑲ 적당하다, 알맞다		记	jì	⑧ 기억하다, 기록하다

179

计划	jìhuà	몡 계획
既然	jìrán	젭 기왕 그렇게 된 이상
记忆	jìyì	몡 기억 동 기억하다
记住	jìzhu	동 확실히 기억해 두다
家务	jiāwù	몡 가사, 집안 일
假的	jiǎ de	가짜
间	jiān	몡 사이, 가운데
坚持	jiānchí	동 견지하다, 지속하다
简单	jiǎndān	형 간단하다
减弱	jiǎnruò	동 약해지다
价钱	jiàqián	몡 가격, 값
件	jiàn	양 일, 옷을 세는 단위
健康	jiànkāng	몡 건강
见面	jiànmiàn	동 만나다
讲话	jiǎnghuà	동 이야기하다, 말하다
交	jiāo	동 넘기다, 제출하다
嚼	jiáo	동 씹다
脚步声	jiǎobùshēng	발자국 소리
叫	jiào	동 부르다
叫醒	jiàoxǐng	동 깨우다
接受	jiēshòu	동 받아들이다
解除	jiěchú	동 없애다, 제거하다
解决	jiějué	동 해결하다
借	jiè	동 빌리다, 빌려 주다
介绍	jièshào	동 소개하다
紧紧	jǐnjǐn	부 바짝, 꽉
尽快	jǐnkuài	부 되도록 빨리
进	jìn	동 (바깥에서 안으로) 들다
进行	jìnxíng	동 진행하다
经济	jīngjì	몡 경제
就	jiù	부 곧, 바로
举手	jǔshǒu	동 손을 들다
决定	juédìng	동 결정하다
绝对	juéduì	부 절대로, 완전히

K

咖啡	kāfēi	몡 커피
咖啡厅	kāfēitīng	몡 커피숍
开始	kāishǐ	동 시작하다
看样子	kàn yàngzi	보아하니 ~인 것 같다
考试	kǎoshì	몡 시험 동 시험보다
棵	kē	양 그루 (식물을 세는 단위)
可	kě	부 강조를 나타냄
可以	kěyǐ	동 ~할 수 있다, ~해도 좋다
客人	kèrén	몡 손님
空调	kōngtiáo	몡 에어컨
库存	kùcún	몡 재고

L

拉	lā	동 끌다, 당기다
辣	là	형 맵다
来	lái	동 오다
来得及	láidejí	늦지 않다
劳	láo	동 일하다
老实	lǎoshí	형 성실하다, 정직하다
了	le	조 동작이 완료되었음을 나타냄 조 변화, 새로운 상황의 출현을 표시함

冷	lěng	형 춥다
离开	líkāi	동 떠나다, 벗어나다
力气	lìqi	명 힘
历史	lìshǐ	명 역사
利用	lìyòng	명 이용 동 이용하다
连	lián	개 ~조차도
连说带笑	liánshuōdàixiào	담소하다
脸	liǎn	명 얼굴
两半	liǎngbàn	명 절반, 반
晾	liàng	동 말리다
聊天	liáotiān	동 한담하다
了解	liǎojiě	동 자세히 알다, 이해하다
淋湿	línshī	동 흠뻑 젖다
领奖台	lǐngjiǎngtái	시상대
流逝	liúshì	동 유수처럼 빨리 사라지다
楼梯	lóutī	명 계단
旅行	lǚxíng	명 여행 동 여행하다
旅行社	lǚxíngshè	명 여행사
绿茶	lǜchá	명 녹차
乱说	luànshuō	동 함부로 지껄이다

M

马上	mǎshàng	부 곧, 즉시
卖	mài	동 팔다
没有	méiyǒu	동 없다 / 부 ~하지 않았다 (과거의 부정)
免费	miǎnfèi	동 무료로 하다
敏捷	mǐnjié	형 민첩하다

明白	míngbai	동 이해하다, 알다
明洞	Míngdòng	명 명동
名字	míngzi	명 이름
谋	móu	동 의논하다, 상의하다

N

哪里	nǎli	대 어디
哪怕	nǎpà	접 설령, 비록
那边	nàbiān	대 그쪽, 저쪽
那么	nàme	대 그렇게
难道	nándào	부 설마 ~하겠는가?
难得	nándé	형 얻기 어렵다
南山	Nánshān	명 남산
难题	nántí	명 어려운 문제
脑子	nǎozi	명 머리
闹肚子	nào dùzi	배탈이 나다
呢	ne	조 의문의 어기를 나타냄
年龄	niánlíng	명 연령, 나이
念	niàn	동 읽다, 공부하다
宁可	nìngkě	접 차라리
牛奶	niúnǎi	명 우유
扭	niǔ	동 돌리다, 돌아보다
浓郁	nóngyù	형 짙다, 그윽하다

O

| 偶尔 | ǒu'ěr | 부 간혹, 이따금 |

P

| 爬 | pá | 동 기다, 기어오르다 |
| 跑 | pǎo | 동 달리다, 뛰다 |

단어 주석

赔本	péiběn	동	밑지다
碰	pèng	동	부딪치다
		동	만나다, 마주치다
朋友	péngyou	명	친구
便宜	piányi	형	값이 싸다
骗	piàn	동	속이다
片刻	piànkè	명	잠깐, 잠시
苹果	píngguǒ	명	사과
平时	píngshí	명	평소
泼剌	pōlà		팔딱, 팔떡
扑	pū	동	(향기 따위가 코를) 찌르다, (바람이 얼굴에) 덮쳐오다

Q

期	qī	동	기대하다
骑	qí	동	(자전거나 말을) 타다
其他	qítā	명	기타, 그 외
起来	qǐlái	동	일어나다
汽车	qìchē	명	자동차
卡住	qiǎzhù	동	꽉 막히다, 걸리다
签	qiān	동	서명하다
强	qiáng	형	강하다
巧	qiǎo	형	공교롭다
切	qiē	동	자르다
亲切	qīnqiè	형	친절하다, 친근하다
亲自	qīnzì	부	몸소, 친히
清楚	qīngchu	형	분명하다, 명확하다
情况	qíngkuàng	명	상황
请假	qǐngjià	동	휴가를 신청하다

R

然后	ránhòu	접	그러한 후에
让	ràng	동	~하게 하다
人生	rénshēng	명	인생
认	rèn	동	분간하다, 식별하다
认错	rèncuò	동	잘못을 인정하다
任何	rènhé	대	어떠한
任何人	rènhérén		누군가
认为	rènwéi	동	여기다, 생각하다
认真	rènzhēn	형	진실하다, 성실하다
容易	róngyì	형	쉽다, 용이하다
肉	ròu	명	고기
肉眼	ròuyǎn	명	육안, 맨눈
如果	rúguǒ	접	만일, 만약
如何	rúhé	대	어떻게, 어떠냐
软	ruǎn	형	부드럽다
软件	ruǎnjiàn	명	소프트웨어

S

伞	sǎn	명	우산
散步	sànbù	동	산책하다
删	shān	동	삭제하다, 줄이다
稍	shāo	부	약간, 좀
什么样	shénmeyàng	대	어떠한
升	shēng	동	떠오르다
生活	shēnghuó	명 생활 동 생활하다	
声色	shēngsè	명	말소리와 얼굴빛
省得	shěngde	접	~하지 않도록

师傅	shīfu	명 선생 (남에 대한 경칭)		所以	suǒyǐ	접 그래서
食物	shíwù	명 음식물		所有	suǒyǒu	형 모든
始终	shǐzhōng	명 처음과 끝 부 한결같이, 언제나		**T**		
视力	shìlì	명 시력		他人	tārén	명 타인, 남
世上	shìshàng	명 세상		太	tài	부 지나치게, 너무
收入	shōurù	동 받다, 수록하다		太阳	tàiyáng	명 태양, 해
手机	shǒujī	명 핸드폰		躺下	tǎngxià	동 눕다
首先	shǒuxiān	명 우선, 먼저		逃跑	táopǎo	동 도망가다
瘦	shòu	형 마르다, 여위다		套	tào	양 세트를 세는 단위
受	shòu	동 받다		特别	tèbié	부 특히, 아주
受伤	shòushāng	동 부상을 당하다		提高	tígāo	동 향상시키다
书包	shūbāo	명 책가방		提问	tíwèn	동 질문하다
熟悉	shúxī	동 익히 알다, 상세히 알다		提醒	tíxǐng	동 일깨우다
树	shù	명 나무		体重	tǐzhòng	명 체중
双	shuāng	양 쌍, 켤레		天黑	tiān hēi	해가 지다
水	shuǐ	명 물		添麻烦	tiān máfan	폐를 끼치다
水平	shuǐpíng	명 수준		天分	tiānfèn	명 선천적인 재능
睡懒觉	shuì lǎnjiào	늦잠을 자다		天空	tiānkōng	명 하늘, 공중
睡眠	shuìmián	명 수면 동 수면하다		天气预报	tiānqìyùbào	명 일기 예보
睡着	shuìzháo	동 잠들다		甜	tián	형 맛이 달다
说服	shuōfú	동 설득하다		条	tiáo	양 가늘고 긴 것을 세는 단위
送	sòng	동 보내다, 선물하다		条件	tiáojiàn	명 조건
算	suàn	동 계산하다		条理	tiáolǐ	명 조리
虽然	suīrán	접 비록 ~할지라도		跳	tiào	동 뛰다, 뛰어 오르다
随时	suíshí	부 수시로, 아무 때나		贴	tiē	동 붙이다
随着	suízhe	~에 따라서		听懂	tīngdǒng	동 알아듣다
损害	sǔnhài	동 손상시키다, 손해를 주다		停	tíng	동 서다, 멈추다
				通常	tōngcháng	명 통상, 일반

단어 주석

通风	tōngfēng	통 통풍시키다
同情	tóngqíng	명 동정
头疼	tóuténg	형 머리가 아프다
突然	tūrán	부 갑자기
吞	tūn	통 삼키다
脱	tuō	통 벗다

W

挖	wā	통 파다, 파내다
外面	wàimiàn	명 밖, 바깥
外衣	wàiyī	명 겉옷, 상의
玩儿	wánr	통 놀다
玩笑	wánxiào	명 농담
完整	wánzhěng	형 완전하다, 온전하다
碗	wǎn	양 그릇, 공기를 세는 단위
晚	wǎn	형 늦다
往	wǎng	개 ~쪽으로, ~을 향해
忘	wàng	통 잊다
忘记	wàngjì	통 잊어버리다
望远镜	wàngyuǎnjìng	명 망원경
为了	wèi le	개 ~를 위하여
温柔	wēnróu	형 따뜻하고 상냥하다
问题	wèntí	명 문제, 질문
握	wò	통 손으로 쥐다, 잡다

X

洗涤	xǐdí	통 세탁하다
喜欢	xǐhuan	통 좋아하다
细菌	xìjūn	명 세균
下功夫	xià gōngfu	애쓰다, 힘쓰다
吓坏	xiàhuài	통 깜짝 놀라게 하다
下雨	xiàyǔ	통 비가 내리다
现钱	xiànqián	명 현금
相信	xiāngxìn	통 믿다
想	xiǎng	통 생각하다
		통 ~하고 싶다
想出	xiǎngchū	통 생각해 내다
向	xiàng	개 ~로, ~을 향하여
消息	xiāoxi	명 정보, 뉴스
小鸟	xiǎoniǎo	명 작은 새
小时	xiǎoshí	명 시간
小说	xiǎoshuō	명 소설
小偷	xiǎotōu	명 좀도둑
小心	xiǎoxīn	통 조심하다, 주의하다
笑	xiào	통 웃다
鞋子	xiézi	명 신발
写	xiě	통 쓰다
写信	xiě xìn	편지를 쓰다
心	xīn	명 마음
心思	xīnsi	명 생각, 마음
信心	xìnxīn	명 자신, 믿음
行李	xíngli	명 여행짐, 수화물
醒	xǐng	통 깨다
性格	xìnggé	명 성격
需要	xūyào	통 요구되다, 필요로 하다
许多	xǔduō	형 대단히 많은
雪	xuě	명 눈
学会	xuéhuì	통 습득하다, 배워서 알다

Y

研究	yánjiū	몡 연구 동 연구하다	
岩石	yánshí	몡 암석	
燕子	yànzi	몡 제비	
咬	yǎo	동 물다	
要	yào	동 필요하다 동 ~하려고 하다, ~해야 한다	
药	yào	몡 약	
要…了	yào…le	막 ~하려고 하다	
爷爷	yéye	몡 할아버지	
衣服	yīfu	몡 옷, 의복	
一定	yídìng	튀 반드시, 꼭	
遗憾	yíhàn	형 유감스럽다	
一下子	yíxiàzi	튀 돌연, 금방	
已经	yǐjing	튀 이미, 벌써	
以外	yǐwài	몡 이외, 이상	
翼	yì	몡 날개	
一边……一边…	yìbiān…yìbiān…	~하면서 ~하다	
一点儿	yìdiǎnr	조금	
意见	yìjiàn	몡 의견	
一口气	yìkǒuqì	단숨에	
一起	yìqǐ	튀 같이, 함께	
一时	yìshí	몡 한때, 잠시	
艺术	yìshù	몡 예술	
一直	yìzhí	튀 똑바로 튀 줄곧, 내내	
因为	yīnwèi	접 ~때문에	
音乐声	yīnyuèshēng	음악 소리	
应该	yīnggāi	동 마땅히 ~해야 한다	
迎面	yíngmiàn	동 얼굴을 향하다	
硬	yìng	형 단단하다	
用	yòng	동 쓰다, 사용하다	
由	yóu	개 ~이/가 (동작의 주체)	
游程	yóuchéng	몡 유람 일정	
邮票	yóupiào	몡 우표	
友情	yǒuqíng	몡 우정, 우의	
有益	yǒuyì	형 유익하다	
游泳	yóuyǒng	동 수영하다	
又	yòu	튀 또, 다시	
鱼	yú	몡 물고기	
愉快	yúkuài	형 기분이 좋다, 유쾌하다	
雨点	yǔdiǎn	빗방울	
与其	yǔqí	접 ~하기보다는	
喻	yù	동 이해하다, 깨닫다	
遇	yù	동 만나다	
愿望	yuànwàng	몡 바람, 희망	
愿意	yuànyì	동 ~하기를 바라다	
晕	yūn	동 기절하다	

Z

在乎	zàihu	동 마음에 두다, 개의하다	
咱们	zánmen	대 우리(들)	
早	zǎo	형 (때가) 이르다, 빠르다	
责备	zébèi	동 책망하다, 꾸짖다	
增大	zēngdà	동 증대하다	
增加	zēngjiā	동 증가하다, 더하다	
怎么	zěnme	대 어떻게, 왜	
站	zhàn	동 서다	
找	zhǎo	동 찾다, 구하다	

185

단어 주석

招手	zhāoshǒu	(동) 손짓하다, 손을 흔들다
照相	zhàoxiàng	(동) 사진을 찍다
照相机	zhàoxiàngjī	(명) 카메라
照章	zhàozhāng	(동) 규정대로 하다
这样	zhèyàng	(대) 이렇다, 이렇게
整整	zhěngzhěng	(형) 꼭, 꼬박
正好	zhènghǎo	(형) 꼭 알맞다
知道	zhīdào	(동) 알다, 이해하다
只要	zhǐyào	(접) ~하기만 하면
只有	zhǐyǒu	(접) ~해야만 / (부) 오직, 오로지
质量	zhìliàng	(명) 품질
钟头	zhōngtóu	(명) 시간
终于	zhōngyú	(부) 마침내, 결국
重	zhòng	(형) 무겁다
重要	zhòngyào	(형) 중요하다
逐步	zhúbù	(부) 차츰차츰
主持	zhǔchí	(동) 주관하다, 주재하다
主管	zhǔguǎn	(명) 주요 책임자
煮烂	zhǔlàn	(동) 푹 삶다
主意	zhǔyi	(명) 생각, 의견
住	zhù	(동) 살다, 거주하다
抓	zhuā	(동) 잡다
转	zhuǎn	(동) 전환하다, 돌리다
赚	zhuàn	(동) 돈을 벌다
装	zhuāng	(동) 담다, 싣다
准备	zhǔnbèi	(동) 준비하다
自己	zìjǐ	(대) 자기, 자신
自然	zìrán	(부) 저절로, 자연히
自行车	zìxíngchē	(명) 자전거
走路	zǒulù	(동) 걷다
嘴笨	zuǐbèn	(형) 말솜씨가 없다
最近	zuìjìn	(명) 최근, 요즘
坐	zuò	(동) 타다 / (동) 앉다
做	zuò	(동) 만들다 / (동) 하다
做生意	zuò shēngyi	장사를 하다, 사업을 하다

나의 하루 한줄 중국어 쓰기 수첩 [고급문장 100]

초 판 4 쇄 발 행	2024년 11월 20일(인쇄 2024년 09월 10일)
초 판 1 쇄 발 행	2018년 07월 05일(인쇄 2018년 06월 28일)
발 행 인	박영일
책 임 편 집	이해욱
저 자	시대어학연구소
편 집 진 행	시대어학연구소
표지디자인	조혜령
편집디자인	하한우 · 임아람
발 행 처	시대인
공 급 처	(주)시대고시기획
출 판 등 록	제 10-1521호
주 소	서울시 마포구 큰우물로 75 [도화동 538 성지 B/D] 9F
전 화	1600-3600
팩 스	02-701-8823
홈 페 이 지	www.edusd.co.kr
I S B N	979-11-254-4679-8(14720)
정 가	12,000원

※ 이 책은 저작권법의 보호를 받는 저작물이므로 동영상 제작 및 무단전재와 배포를 금합니다.
※ 잘못된 책은 구입하신 서점에서 바꾸어 드립니다.